Armorial 2e cahier contenant
Berry, Nivernais et Bourbonnais,

CABINET D'HOZIER

MELUN

IMPRIMERIE DE DESRUES, BOULEVART St-JEAN, 1.

1842

EXPLICATION DES ABRÉVIATIONS.

Éc. Milit.	École Militaire.
P. du Roi.	Page du Roi.
P. de la Reine.	Page de la Reine.
P. É. du Roi.	Petites Écuries du Roi.
G. É. du roi.	Grandes Écuries du roi.
St Cyr.	Saint-Cyr.
Hop. Montdidier.	Hopital de Montdidier.

PROVINCES

D'ANGOUMOIS, D'AUNIS, PÉRIGORD ET SAINTONGE.

ANGOUMOIS.

CHARENTE. — CHARENTE-INFÉRIEURE. — DORDOGNE. — HAUTE-GARONNE. — ISÈRE. — YONNE.

NOMS.	DATE de la naiss^ce.	POSITION.	
Barbarin du Chambon.	1704	*St-Cyr.*	1716
Barbot de La Trésorière.	1771	*Ec. Milit.*	1782
Bonnefoy de Bretauville (de).	1766	*St-Cyr.*	1777
Boulet de La Broüe (du).	1763	*Ec. Milit.*	1773
Cugnac du Bourdet.	1681	*P. du Roi.*	1697
Cugnac du Bourdet (de).	1701	*P. du Roi.*	1714
Cursay (de).	1701	*St-Cyr.*	1712
Dassier.	1747	*P. du Roi.*	1761
Dauphin de Goursac.	1750	*P. du Roi.*	1766
Desmier de Chenon.	1691	*St-Cyr.*	1702
Devezeau de Chasseneuil (de).	1698	*St-Cyr.*	1708
Dévézeau de Chasseneuil (de).	1700	*P. du Roi.*	1718
Devezeau de Rancogne (de).	1707	*P. du Roi.*	1725
Fé de Boisragon (de).	1780	*Ec. Milit.*	1788
Galard (de).	1744	*St-Cyr.*	1755
Goulard de La Faye.	1686	*P. du Roi.*	1701
Gresly (de).	1753	*P. du Roi.*	1775
Guez de Balzac (de).	1687	*P. du Roi.*	1703
Hauteclaire (de).	1730	*St-Cyr.*	1738
Hemery (d').	1766	*St-Cyr.*	1766
Hemery de Labregement.	1752	*Ec. Milit.*	1764
Hermine (de sainte-).	1674	*St-Cyr.*	1686
Hermine (de sainte-).	1762	*Ec. Milit.*	1771
Hermine (de sainte-).	1729	*St-Cyr.*	1741

NOMS.	DATE de la naiss[ce].	POSITION.	
Hermine du Fa (de sainte-).	1681	*St-Cyr.*	1691
Inglard de Limerac (de).	1765	*St-Cyr.*	1783
James (de).	1721	*St-Cyr.*	1731
James de Longeville (de).	1746	*Ec. Milit.*	1756
James de Longeville (de).	1751	*St-Cyr.*	1761
Joumard d'Argence.	1696	*St-Cyr.*	1705
La Broue de Vareilles.	1708	*P. du Roi.*	1723
Lageard (de).	1729	*St-Cyr.*	1740
Lagéard de Cherval (de).	1737	*St-Cyr.*	1745
Lageard de Cherval (de).	1756	*Ec. Milit.*	1770
La Loubière de Bernac (de).	1748		
Lambertie (de).	1760	*St-Cyr.*	1770
La Place (de).	1720	*St-Cyr.*	1732
La Place de Torsac (de).	1727	*St-Cyr.*	1738
La Rivière Champlemi de la Garde	1700	*St-Cyr.*	1708
La Rochefoucaud (de).	1675	*St-Cyr.*	1688
Laux de Sellette (du).	1704	*St-Cyr.*	1715
L'Enfernat (de).	1743	*P. du Roi.*	1757
Lenfernat (de).	1740	*St-Cyr.*	1750
Le Roy de Lenchère.	1765	*Ec. Milit.*	1773
Le Roy de Senclere.	1764	*St-Cyr.*	1775
Lesmerie des Choisis.	1693	*P. du Roi.*	1708
Lesnier (de).	1757	*Enfant-Jésus.*	
Lesnier (de).	1760	*St-Cyr.*	1772
L'Estang (de).	1759	*St-Cyr.*	1770
L'Etang de Rulles (de).	1677	*St-Cyr.*	1687
Livron (de).	1707	*St-Cyr.*	1716
Luillier de Bellefosse.	1691	*St-Cyr.*	1702
Martin de Châteauroux.	1742	*St-Cyr.*	1753
Mas de la Touche (du).	1738	*St-Cyr.*	1749
Méhée d'Angueville.	1686	*P. du Roi.*	1700
Méhée d'Anqueville.	1685	*St-Cyr.*	1694
Mesmond (de).	1699	*St-Cyr.*	1708
Meung de La Ferté (de).	1766	*P. du Roi.*	1779
Moncorps (de).	1764	*Ec. Milit.*	1772
Monnezeau.	1773	*St-Cyr.*	1782
Montalembert.	1683	*St-Cyr.*	1694
Montalembert (de).	1755	*St-Cyr.*	1766
Montalembert de Cers (de).	1757	*Ec. Milit.*	1770
Normand de Garat.	1770	*Ec. Milit.*	1781

NOMS.	DATE de la naiss^{ce}.	POSITION.	
Normand de La Tranchade.	1780	*Ec. Milit.*	1788
Perry de Nieuil.	1729	*P. du Roi.*	1744
Plessis de La Merlière (du).	1751	*St-Cyr.*	1760
Plessis de La Mortière (du).	1714	*St-Cyr.*	1722
Pressac de Lioncel (de).	1765	*Ec. Milit.*	1774
Prevost de Touchimbert de Londigny.	1735	*P. du Roi.*	1749
Prevost de Touchimbert de Sondigny.	1741	*St-Cyr.*	1749
Renaud de Lage.	1696	*P. du Roi.*	1712
Roquart (de).	1770	*Ec. Milit.*	1781
Roquart La Cosse (de).	1715	*P. du Roi.*	1730
Salignac (de).	1748	*Ec. Milit.*	1760
Saluces (de).	1702	*St-Cyr.*	1711
Terrason (de).	1770	*St-Cyr.*	1773
Terrasson de Verneuil.	1749	*Ec. Milit.*	1760
Trion (de).	1767	*P. du Roi.*	1782
Turpin de Joué.	1670	*P. du Roi.*	1686
Valentin.	1676	*St-Cyr.*	1686
Valentin.	1674	*St-Cyr.*	1686
Valentin.	1672	*St-Cyr.*	1686
Vigier (de).	1768	*Ec. Milit.*	1777
Violaine (de).	1744	*Ec. Milit.*	1756

AUNIS.

CHARENTE. — CHARENTE-INFÉRIEURE. — EURE. — VIENNE.

NOMS.	DATE de la naiss^{ce}.	POSITION.	
Bénac (de).	1764	*Ec. Milit.*	1777
Binet de Marcognet (de).	1765	*Ec. Milit.*	1777
Escoublant (d').	1737	*St-Cyr.*	1748
Huet de Sourdon.	1766	*Ec. Milit.*	1777
La Perrière (de).	1753	*Ec. Milit.*	1764
Le Mastin.	1759	*Ec. Milit.*	1768
Macnemara.	1738	*P. du Roi.*	1752
Rougier.	1764	*Ec. Milit.*	1772
Rougier des Tourettes.	1728	*St-Cyr.*	1739

PÉRIGORD.

CHARENTE. — CHARENTE-INFÉRIEURE. — DEUX-SÈVRES — DORDOGNE. — GARS. — GIRONDE. — HAUTE-GARONNE. — HAUTE-VIENNE.

NOMS.	DATE de la naiss^ce.	POSITION.	
Abzac (d').	1739	*P. du Roi.*	1756
Abzac (d').	1740	*St-Cyr.*	1752
Abzac de la Douze (d').	1700	*P. du Roi.*	1715
Abzac de la Douze (d').	1745	*P. du Roi.*	1760
Abzac de Mayac (d').	1712	*P. du Roi.*	1727
Abzac de Mayac (d').	1696	*P. du Roi.*	1714
Abzac de Trevy (d').	1772	*Ec. Milit.*	1783
Amelin de Beaurepaire.	1758	*St-Cyr.*	1770
Amelin de Beaurepaire.	1731	*St-Cyr.*	1743
Anglars du Claux (d').	1756	*Ec. Milit.*	1767
Arlot de Cumont (d').	1701	*P. du Roi.*	1715
Arnaud de Sarrazignac.	1724	*St-Cyr.*	1735
Arnault (d').	1767	*Ec. Milit.*	1777
Astier (de saint).	1702	*St-Cyr.*	1714
Astier (de saint).	1752	*St-Cyr.*	1763
Astier (de saint).	1706	*P. du Roi.*	1722
Astier des Bories (saint).	1750	*P. du Roi.*	1764
Autefort-Marquessac.	1701	*P. du Roi.*	1714
Auzaneau de Gastebois (d').	1745	*Ec. Milit.*	1756
Bardon de Segonzac.	1672	*P. du Roi.*	1688
Bardon de Ségonzac.	1746	*P. du Roi.*	1758
Bardon de Segonzac.	1690	*St-Cyr.*	1698
Bardon de Ségonzac.	1743	*St-Cyr.*	1753
Bardon de Ségonzac.	1739	*P. du Roi.*	1754
Bars (de).	1727	*St-Cyr.*	1739
Bayly (de).	1769	*P. du Roi.*	1782
Beaucorps (de).	1764	*Ec. Milit.*	1777
Beaupoil (de).	1765	*St-Cyr.*	1775
Beaupoil de Saint-Aulaire (de).	1751	*Ec. Milit.*	1761
Beaupoil-Saint-Aulaire (de).	1694	*P. du Roi.*	1711
Beinac (de).	1693	*P. du Roi.*	1708
Benoist de Manon (de).	1775	*St-Cyr.*	1785
Béraud de Cantevanne (de).	1716	*P. du Roi.*	1730
Blanc de Saint-Just (de).	1755	*St-Cyr.*	1766
Blanc de Saint-Just (de).	1764	*Ec. Milit.*	1773

NOMS.	DATE de la naissce.	POSITION.	
Bois du Fresne de Libersac (du).	1713	*P. du Roi.*	1729
Bois du Fresne de Libersac (du).	1719	*St-Cyr.*	1729
Bonal (de).	1738	*St-Cyr.*	1748
Bonneguise (de).	1726	*St-Cyr.*	1738
Bonneguise La Martinie (de).	1735	*St Cyr.*	1747
Bontemps de Mensignac (de).	1774	*Ec. Milit.*	1786
Borie de Pomarède.	1769	*St-Cyr.*	
Bridat de la Barrière.	1732	*St Cyr.*	1743
Brie (de).	1740	*Ec. Milit.*	1753
Calvimont (de).	1732	*P. du Roi.*	1749
Carbonnière de St-Chamassy (de).	1764	*Ec. Milit.*	1773
Casting des Taboissies (du).	1768	*Ec. Milit.*	1781
Chabans de Richemont (de).	1734	*P. du Roi.*	1750
Chabans de Richemont (de).	1770	*P. du Roi.*	1785
Chalup (de).	1749	*P. du Roi.*	1765
Chalup de Fareyrou.	1738	*P. du Roi.*	1754
Chamans (de saint).	1747	*P. du Roi.*	1762
Chamant (de saint).	1688	*P. du Roi.*	1704
Chamant (de saint).	1694	*P. du Roi.*	1708
Champagnac (de).	1777	*St-Cyr.*	1787
Champagnac (de).	1768	*Ec. Milit.*	1779
Chanaud de Lesceaux (de).	1778	*Ec. Milit.*	1788
Chapelle de Jumillac de Cubzac.	1745	*St-Cyr.*	1755
Chapt de Rastignac de Puiquillem.	1713	*P. du Roi.*	1730
Chassaing de Ratevaul (du).	1756	*Enfant-Jésus.*	1768
Chaunac de Lanzac (de).	1769	*Ec. Milit.*	1780
Chauveron (de).	1764	*Enfant-Jésus.*	1774
Chevalier de Cablant.	1748	*St-Cyr.*	1760
Cheyron de Beaumont (du).	1751	*Ec. Milit.*	1762
Cosson de La Sudrie (de).	1755	*St-Cyr.*	1767
Cosson de l'Isle.	1690	*P. du Roi.*	1706
Cugnac (de).	1757	*Ec. Milit.*	1767
Cugnac (de).	1737	*St-Cyr.*	1748
Delpy de La Roche.	1769	*Ec. Milit.*	1780
Donissan de Citran (de).	1753	*Ec. Milit.*	1764
Durand du Bastil.	1754	*St-Cyr.*	1764
Durant du Repaire.	1767	*P. du Roi.*	1781
Faucher de La Ligerie (de).	1769	*St-Cyr.*	1780
Faucher de La Ligerie (de).	1764	*Ec. Milit.*	1773
Fars de Fosselandry.	1742	*Ec. Milit.*	1754

NOMS.	DATE de la naiss^ce.	POSITION.	
Fars (de).	1746	*St-Cyr.*	1757
Fayolle (de).	1763	*P. du Roi.*	1773
Fayolle (de)	1728	*P. du Roi.*	1743
Fayolle (de).	1729	*St-Cyr.*	1741
Felets d'Orimont (de).	1767	*Ec. Milit.*	1777
Festard de Caillerie.	1689	*St-Cyr.*	1700
Foucaud de Lardimalie.	1711	*P. du Roi.*	1727
Foucaud-Lardimalie de Blis (de).	1724	*St-Cyr.*	1750
Foucaud de Malembert.	1766	*St-Cyr.*	1778
Foucaud (de).	1771	*Ec. Milit.*	1781
Foucaud (de).	1780	*St-Cyr.*	1790
Foucault de Lardimalie.	1746	*P. du Roi.*	1761
Galard de Bearn-d'Argentine (de)	1753	*St-Cyr.*	1761
Girard de Langlade.	1756	*Ec. Milit.*	1766
Gresli de Lavagnac (de).	1686	*P. du Roi.*	1702
Goudin de La Bory.	1749	*St-Cyr.*	1757
Goudin de Pauliac (de).	1754	*St-Cyr.*	1766
Grignard de Champsavoy (de).	1760	*St-Cyr.*	1768
Hageard de Cressignac (de).	1764	*P. du Roi.*	1779
Hogni de La Groie du-Pin-Saint-Astier (d').	1708	*P. du Roi.*	1725
Isle de Ballode.	1746	*Ec. Milit.*	1756
Jaubert (de).	1758	*Ec. Milit.*	1768
Javerlhac (de).	1771	*P. du Roi.*	1786
Jay de Beaufort (de).	1748	*St-Cyr.*	1760
Joumard.	1734	*P. du Roi.*	1752
La Barthe (de).	1735	*St-Cyr.*	1746
La Brousse (de).	1766	*Ec. Milit.*	1777
La Brousse (de).	1762	*P. du Roi.*	1779
La Cavaulie (de).	1739	*St-Cyr.*	1751
La Clergerie (de)	1772	*Ec. Milit.*	1784
La Cropte de Bourzac de Chassagne.	1707	*P. du Roi.*	1727
La Cropte de Chanterac (de).	1714	*P. du Roi.*	1729
La Garde (de).	1735	*P. du Roi.*	1753
La Garde de Saint-Angel (de).	1730	*St-Cyr.*	1741
La Garde de Saignes de St-Angel (de).	1694	*P. du Roi.*	1710
Lageard de Gressignac (de).	1737	*P. du Roi.*	1756
La Lamière (de).	1734	*St-Cyr.*	1746
La Martonie (de).	1716	*St-Cyr.*	1728

NOMS.	DATE de la naissce.	POSITION.	
La Martonie (de).	1747	*St-Cyr.*	1758
Lansade de Plaigne (de).	1753	*Ec. Milit.*	1764
La Porte Lusignac.	1680	*St-Cyr.*	1688
Larmandie (de).	1773	*P. du Roi.*	1787
La Rigaudie (de).	1778	*Ec. Milit.*	1788
La Rocheaimond (de).	1748	*St-Cyr.*	1760
La Rochealmon de Prémillac du Verdier.	1711	*P. du Roi.*	1730
La Rocheaymond (de).	1767	*Ec. Milit.*	1777
La Romagère (de).	1748	*P. du Roi.*	1764
Laux-d'Allemans (du).	1750	*Ec. Milit.*	1761
Laux (du).	1756	*St-Cyr.*	1768
Laux (du).	1683	*P. du Roi.*	1698
La Vergne de Cerval (de).	1776	*Ec. Milit.*	1786
Legier de Boisrond d'Orignac (de saint).	1756	*Ec. Milit.*	1766
Le Jay de Masuere.	1753	*St-Cyr.*	1763
Lestrade (de).	1734	*P. du Roi.*	1750
L'Estrade de La Cousse (de).	1766	*P. du Roi.*	1779
Lestrades de La Cousse de Montaignat (de).	1745	*P. du Roi.*	1758
Leimarie de La Roche (de).	1733	*St-Cyr.*	1741
Leimarie de La Roche.	1712	*P. du Roi.*	1728
Leymarie (de).	1756	*St-Cyr.*	1766
Losse (de).	1745	*Ec. Milit.*	1757
Machat de Pompadour (de).	1731		
Magnac de Neuville de Premillac (de)	1769	*Ec. Milit.*	1770
Malet.	1728	*P. du Roi.*	1747
Martin du Mas (de saint-).	1756	*St-Cyr.*	1767
Moneys d'Ordières (de).	1767	*P. du Roi.*	1782
Montferrand (de).	1716	*St-Cyr.*	1727
Ours de Lussac (de saint-).	1745	*Ec. Milit.*	1757
Ranconnet d'Escoir (de).	1728	*P. du Roi.*	1743
Ranconnet d'Escoire (de).	1680	*P. du Roi.*	1696
Ranconnet d'Escoire de Noyon (de).	1730	*P. du Roi.*	1745
Ribeirei (de).	1703	*St-Cyr.*	1715
Ribéreis (de).	1721	*P. du Roi.*	1737
Robinet de Plas de Puycheny (de).	1767	*Ec. Milit.*	1778
Robinet de Plas (de).	1763	*Enfant-Jésus.*	1774
Robinet de La Serve de Pignefort.	1728	*St-Cyr.*	1738

NOMS.	DATE de la naiss^{ce}.	POSITION.	
Roche de Cavaillac (de).	1764	*Ec. Milit.*	1773
Rochon de Vormeselle (de).	1761	*Ec. Milit.*	1761
Roffignac (de).	1760	*P. du Roi.*	1774
Roux (de).	1747	*P. du Roi.*	1747
Roux de Champagnac.	1686	*P. du Roi.*	1701
Roux de Vigneras (de).	1763	*Enfant-Jésus.*	1770
Roux de Vigneras.	1715	*P. du Roi.*	1732
Saintours (de).	1766	*P. du Roi.*	1782
Salviac de Vielcaftel (de).	1772	*Ec. Milit.*	1782
Saulnier (de).	1765	*St-Cyr.*	1777
Saulnier du Pleissac (de).	1764	*Ec. Milit.*	1774
Saunhac de Belcastel (de).	1772	*P. du Roi.*	1787
Sanzillon-Mensignac (de).	1731	*St-Cyr.*	1742
Ségur (de).	1752	*St-Cyr.*	1762
Ségur (de).	1765	*St-Cyr.*	1776
Ségur de Montazeau (de).	1756	*Ec. Milit.*	1770
Silviac de Vielcastel (de).	1777	*St-Cyr.*	1787
Siorac (de).	1753	*P. du Roi.*	1770
Taléran-Grignols.	1673	*P. du Roi.*	1688
Taleran-Grignols.	1674	*P. du Roi.*	1688
Teisseire de Radon.	1762	*St-Cyr.*	1773
Tessières, seigneur de La Porte.	1694	*St-Cyr.*	1706
Testard de La Caillerre.	1723	*St-Cyr.*	1734
Testard de la Caillerie (de).	1742	*St-Cyr.*	1750
Teyssière (de).	1740	*St-Cyr.*	1751
Teyssières (de).	1759	*St-Cyr.*	1768
Teyssières de Miremont (de).	1771	*St-Cyr.*	1773
Thoumasson.	1748	*St-Cyr.*	1760
Turenne (de).	1734	*P. du Roi.*	1749
Valbrune (de).	1773	*St-Cyr.*	1783
Vallée de Montsanson (de).	1752	*P. du Roi.*	1769
Vassal (de).	1750	*Enfant-Jésus.*	1756
Vassal (de).	1749	*P. du Roi.*	1766
Vassal (de).	1775	*St-Cyr.*	1784
Vassal (de).	1743	*St-Cyr.*	1752
Vassal de Bellegarde (de).	1764	*P. du Roi.*	1779
Vassal de Purecet (de).	1764	*P. du Roi.*	1780
Vassal de Purecet (de).	1751	*St-Cyr.*	1761
Vassal de Touron (de).	1756	*P. du Roi.*	1772
Vassal du Marès (de).	1778	*St-Cyr.*	1788

NOMS.	DATE de la naiss^ce	POSITION.	
Vassal de Rignac (de).	1776	*Ec. Milit.*	1786
Villoutreix de Theissonières (de).	1730	*P. du Roi.*	1747
Vins du Masnègre (de).	1778	*Ec. Milit.*	1790
Vivans (de).	1756	*St-Cyr.*	1767
Vivans (de).	1748	*P. du Roi.*	1764

SAINTONGE.

CHARENTE. — CHARENTE-INFÉRIEURE.

NOMS.	DATE de la naiss^ce	POSITION.	
Barreau de Banque.	1691	*P. du Roi.*	1708
Beaupoil de Saint-Aulaire de la Dixmerie (de).	1764	*St-Cyr.*	1772
Beaumont (de).	1712	*P. du Roi.*	1725
Berthelot.	1776	*St-Cyr.*	1783
Berthelot du Couret.	1773	*Ec. Milit.*	1783
Bonet du Portal (de).	1737	*St-Cyr.*	1746
Boisseau de La Galernerie.	1759	*St-Cyr.*	1770
Boisseau de la Galernerie.	1758	*Ec. Milit.*	1772
Bouchard d'Esparbes d'Aubeterre.	1684	*P. du Roi.*	1702
Bouchard d'Esparbès d'Aubeterre.	1682	*P. du Roi.*	1700
Breuil de Theon de Châteaubardon (du).	1748	*Ec. Milit.*	1760
Callières (de).	1764	*Ec. Milit.*	1773
Campet de Saujon (de).	1756	*Ec. Milit.*	1767
Castin de Guérin.	1775	*Ec. Milit.*	1784
Cavelier de Saint-Jaque.	1693	*St-Cyr.*	1702
Chievres de Salignac (de).	1676	*St-Cyr.*	1686
Courbon de La Rochecourbon (de).	1754	*P. du Roi.*	1769
Gaudin du Cluzeau.	1767	*St.-Cyr.*	1778
Guinot de Montconseil de Solignac.	1719	*St.-Cyr.*	1730
Guinot de Soulignac.	1759	*St-Cyr.*	1770
Guinot-Monconseil.	1695	*P. du Roi.*	1708
Guy de Ferrière.	1763	*Ec. Milit.*	1773
Isle de Beauchesne.	1709	*St-Cyr.*	1720
La Martonie (de).	1749	*Ec. Milit.*	1759

NOMS.	DATE de la naissce.	POSITION.	
La Vallade (de).	1774	*St-Cyr.*	1774
Le Berthon de Bansanne.	1745	*St-Cyr.*	1757
Montalembert (de).	1672	*St-Cyr.*	1686
Montalembert et Monjangé.	1674	*St-Cyr.*	1686
Nogerée (de).	1777	*Ec. Milit.*	1785
Norrigier de Saint-Aulaie.	1688	*St-Cyr.*	1697
Prevost d'Olbreuse de Gagemont.	1719	*P. du Roi.*	1735
Pont de Vivier (du).	1713	*St-Cyr.*	1724
Pont du Vivier (du).	1766	*Ec. Milit.*	1775
Pont du Vivier.	1763	*St-Cyr.*	1774
Ponthieu (de).	1731	*St-Cyr.*	1742
Ponthieu (de).	1695	*St-Cyr.*	1705
Polignac (de).	1677	*St-Cyr.*	1688
Queux de Saint-Hilaire (de).	1766	*Ec. Milit.*	1777
Queux (des).	1770	*St-Cyr.*	1780
Raimond des Rivières.	1698	*St-Cyr.*	1709
Turpin du Breuil.	1725	*P. du Roi.*	1740
Valée-Montsauson.	1707	*P. du Roi.*	1723

Melun. — Imprimerie de Desrues.

PROVINCES

D'ANJOU, HAUT ET BAS-MAINE, TOURAINE, SAUMURIN.

ANJOU, HAUT ET BAS-MAINE, ETC.

INDRE-ET-LOIRE. — MAYENNE. — MAINE-ET-LOIRE. — SARTHE.

NOMS.	DATE de la naiss^ce.	POSITION.	
Alès de Corbet (d').	1673	*St-Cyr.*	1686
Andigné (d').	1727	*P. du Roi.*	1741
Andigné (d').	1731	*P. du Roi.*	1747
Andigné (d').	1715	*P. du Roi.*	1734
Andigné de Magneux (d').	1763	*Ec. Milit.*	1772
Andigné de Maineux (d').	1681	*P. du Roi.*	1702
Andigné des Escotais (d').	1706	*P du Roi.*	1723
André (de saint).	1710	*St-Cyr.*	1718
Assé (d').	1696	*P. du Roi.*	1710
Aubert (d').	1774	*P. du Roi.*	1790
Aubert du Petit Thouars.	1755	*Ec. Milit.*	1769
Aubert du Petit Thouars.	1755	*Ec. Milit.*	1769
Aubert du Petit Thouars.	1754	*St-Cyr.*	1764
Aubigné (d').	1681	*St-Cyr.*	1689
Aveline de Narcé.	1775	*Ec. Milit.*	1783
Avoine de La Taille (d').	1683	*P. du Roi.*	1703
Avril de Boutigny.	1754	*Ec. Milit.*	1769
Avril de Boutigny.	1754	*Ec. Milit.*	1769
Bailleul (du).	1707	*P. du Roi.*	1724
Bailleur d'Oreisses (du).	1710	*St-Cyr.*	1721
Bailly de Saint-Mars.	1778	*St-Cyr.*	1788
Baraudin de Mauvière.	1714	*St-Cyr.*	1724
Baraudin de Mauvière.	1710	*P. du Roi.*	1725
Baraudin de Mauvière.	1677	*P. du Roi.*	1694

NOMS.	DATE de la naissce.	POSITION.	
Barbier de Blamont (de).	1767	*Ec. Milit.*	1775
Barjot.	1667	*P. du Roi.*	1684
Barville (de).	1724	*St-Cyr.*	1734
Beauregard (de).	1668	*P. du Roi.*	1684
Beauregard (de).	1719	*P. du Roi.*	1734
Beauregard (de).	1712	*P. du Roi.*	1730
Beauvais La Cossonière (de).	1697	*St-Cyr.*	1707
Bernard de La Frégeollière.	1761	*Ec. Milit.*	1770
Binet de Montifrai.	1673	*P. du Roi.*	1687
Boilesve du Plantic.	1716	*St-Cyr.*	1728
Boisberanges (du).	1747	*P. du Roi.*	1762
Bois de Maquille (du).	1691	*P. du Roi.*	1710
Boisguion (de).	1764	*St-Cyr.*	1775
Boisjourdan (de).	1778	*St-Cyr.*	1787
Boisjourdan (de).	1680	*P. du Roi.*	1697
Boisjourdan (du).	1722	*St-Cyr.*	1733
Boisjourdan (du).	1717	*P. du Roi.*	1731
Boissard de La Bigaudène.	1704	*P. du Roi.*	1720
Boissard de La Rigauderie.	1668	*P. du Roi.*	1687
Bonnard.	1757	*Ec. Milit.*	1771
Borstel (de).	1686	*St-Cyr.*	1693
Bouillé (de).	1732	*St-Cyr.*	1740
Bouillé (de).	1771	*St-Cyr.*	1780
Brie de Serraut (de).	1762	*Ec. Milit.*	1770
Broc (de).	1718	*St-Cyr.*	1727
Broc-Lizardière-Saint-Mars (de).	1667	*P. du Roi.*	1685
Brunet de Beauville de Fontenaille.	1669	*P. du Roi.*	1685
Brunet de Molan.	1703	*P. du Roi.*	1719
Brunetière du Plessis de Gessé.	1685	*P. du Roi.*	1701
Buzelet (de).	1765	*Ec. Milit.*	1773
Buzelet (de).	1772	*Ec. Milit.*	1784
Caillard d'Aillières.	1706	*St-Cyr.*	1715
Caillard de Beauvais.	1718	*St-Cyr.*	1727
Calonne de Beaufait (de).	1742	*Ec. Milit.*	1754
Camus de Villefort.	1729	*P. du Roi.*	1745
Cantineau (de).	1759	*P. du Roi.*	1775
Cantineau de Commacre.	1761	*Ec. Milit.*	1769
Carrei-Belleman (de).	1717	*St-Cyr.*	1727
Carrey de Bellemare (de).	1766	*St-Cyr.*	1777
Caux de Chace de Clairveaux (de).	1748	*Ec. Milit.*	1760

NOMS.	DATE de la naissce.	POSITION.	
Certieux (de).	1695	*St-Cyr.*	1705
Chabot.	1671	*St-Cyr.*	1686
Chabot de Lignière La Carelle.	1746	*P. du Roi.*	1761
Champagné (de).	1677	*St-Cyr.*	1686
Champagné La Motte-Ferchaut (de).	1693	*P. du Roi.*	1710
Champlais (de).	1714	*St-Cyr.*	1724
Champlais (de).	1673	*St-Cyr.*	1673
Charbonier de La Guesnerie.	1732	*P. du Roi.*	1749
Charnières (de).	1775	*Ec. Milit.*	1785
Chesneau de La Vieuville (de).	1773	*Ec. Milit.*	1784
Chourses (de).	1726	*St-Cyr.*	1746
Clinchamps (de).	1740	*St-Cyr.*	1750
Coigue (de).	1765	*Ec. Milit.*	1777
Constantin de La Lorie.	1688	*P. du Roi.*	1714
Cordouau de La Nouë.	1668	*P. du Roi.*	1687
Couraud de Bonneuil.	1717	*P. du Roi.*	1734
Courtalvert (de).	1679	*P. du Roi.*	1692
Courtarval de Lierville.	1722	*P. du Roi.*	1736
Couvaudin de Laudinie.	1685	*St-Cyr.*	1693
Crochard (de).	1773	*St-Cyr.*	1783
Crochard de La Crochardière (de)	1768	*Ec. Milit.*	1777
Crochart de Bourneux (de).	1729	*P. du Roi.*	1745
Cumont de Froidefont (de).	1695	*P. du Roi.*	1711
Dean de Luigné.	1758	*Ec. Milit.*	1772
Dieusie (de).	1773	*P. du Roi.*	1789
Domagné (de).	1717	*St-Cyr.*	
Ernault de Moulins.	1764	*Ec. Milit.*	1774
Escotais (des).	1671	*P. du Roi.*	1683
Escoublant de Fourneville (d').	1715	*St-Cyr.*	1722
Escoublant de La Rougerie (d').	1720	*St-Cyr.*	1728
Espagne de Vennevelle (d').	1718	*St-Cyr.*	1730
Faverolles (de).	1758	*Ec. Milit.*	1772
Fay de Villeneuve (de).	1758	*Ec. Milit.*	1772
Fertre (du).	1691	*P. du Roi.*	1707
Fesques de La Rochebousseau (de).	1720	*P. du Roi.*	1734
Festu-Balaincourt de Pierrebasse.	1712	*St-Cyr.*	1724
Feugerets (des).	1733	*P. du Roi.*	1747
Fontenelles-Guibert.	1681	*P. du Roi.*	1698
Forget de La Quantinière.	1701	*St-Cyr.*	1708
Francs du Plessis (des).	1720	*P. du Roi.*	1736

NOMS.	DATE de la naissce.	POSITION.	
Gaignon de Vilaine (de).	»	*P. du Roi.*	1711
Gannes (de).	1759	*Ec. Milit.*	1769
Gast de Lussaut (de).	1673	*St-Cyr.*	1686
Gaultier de Brulon.	1745	*Ec. Milit.*	1756
Gauthier de Brulon de Quincé.	1724	*St-Cyr.*	1732
Gauthier de Launay.	1712	*St-Cyr.*	1720
Gautier de Brulon.	1697	*St-Cyr.*	1706
Gautier de Fontaines.	1685	*St-Cyr.*	1695
Gauvéaul du Mont.	1705	*P. du Roi.*	1720
Gencien d'Erigné.	1685	*P. du Roi.*	1702
Gencien d'Erigné (de).	1712	*St-Cyr.*	1719
Germain (de saint).	1736	*St-Cyr.*	1744
Gibot de Moulinvieux.	1684	*P. du Roi.*	1701
Gigault-Bellefous de Marenne.	1701	*St-Cyr.*	1710
Gigaut de Bellefons.	1707	*P. du Roi.*	1724
Gigaut de Bellefons.	1697	*P. du Roi.*	1715
Girard de Charnacé (de).	1760	*P. du Roi.*	1775
Girois de Meuvi.	1706	*P. du Roi.*	1721
Gohin de La Cointerie.	1713	*St-Cyr.*	1722
Goué (de).	1733	*P. du Roi.*	1749
Gouin des Chapiteaux.	1692	*P. du Roi.*	1707
Gueroult (de).	1751	*St-Cyr.*	1762
Guibert (de).	1755	*St-Cyr.*	1766
Guinemont de Varenne (de).	1717	*St-Cyr.*	1725
Haïes de Cric de La Perrine (des).	1720	*St-Cyr.*	1732
Haïes de Cric (des).	1690	*P. du Roi.*	1707
Hardas de Hauteville.	1699	*P. du Roi.*	1714
Hardas de Hauteville (du).	1743	*P. du Roi.*	1759
Hardas d'Hauteville (du).	1771	*P. du Roi.*	1785
Hardouin de Chatenai.	1710	*St-Cyr.*	1718
Hardouin de La Girouardière.	1683	*P. du Roi.*	1700
Haudau des Landes (de).	1700	*St-Cyr.*	1712
Hayes de Cosme (des).	1775	*St-Cyr.*	1784
Héliand d'Ampoigné (d').	1777	*Enfant-Jésus.*	1788
Hercé (de).	1723	*St-Cyr.*	1732
Houdan des Landes (de).	1754	*St-Cyr.*	1769
Houlière (de).	1677	*P. du Roi.*	1695
Hulin de La Salle.	1705	*P. du Roi.*	1721
Hunault de la Chevalerie.	1778	*St-Cyr.*	1788
Huraut de Saint-Denis.	1675	*St-Cyr.*	1687

NOMS.	DATE de la naissce.	POSITION.	
Juigné (de).	1762	*St-Cyr.*	1774
Juglart (du).	1760	*Ec. Milit.*	1771
La Barre (de).	1767	*Ec. Milit.*	1775
La Barre (de).	1760	*P. du Roi.*	1774
La Beraudière (de).	1732	*P. du Roi.*	1749
La Bonnière des Chateliers.	1673	*P. du Roi.*	1689
La Bonninière de Beaumont (de).	1763	*P. du Roi.*	1777
La Bonninière des Chateliers (de).	1708	*P. du Roi.*	1725
La Boucherie de Lastic (de).	1674	*St-Cyr.*	1686
La Croix de Beaurepos (de).	1731	*P. du Roi.*	1747
La Croix de Cerisai (de).	1720	*P. du Roi.*	1735
La Goupillière (de).	1733	*St-Cyr.*	1744
La Grandière (de).	1764	*Ec. Milit.*	1773
La Grandière (de).	1767	*St-Cyr.*	1777
La Haïe Montbaut (de).	1690	*P. du Roi.*	1708
La Haye (de).	1725	*P. du Roi.*	1742
La Jaille (de).	1737	*St-Cyr.*	1749
La Lande (de).	1694	*P. du Roi.*	1709
Lancrau de Chanteil (de).	1715	*P. du Roi.*	1730
La Noüe de Vair (de).	1747	*Ec. Milit.*	1755
La Rivière de Montigni (de).	1693	*St-Cyr.*	1705
La Rochefoucaud (de).	1711	*St-Cyr.*	1718
La Roche-Vernay (de).	1759	*Ec. Milit.*	1769
La Saigne-Saint-George (de).	1775	*Ec. Milit.*	1785
Laurens de Jorean.	1666	*P. du Roi.*	1684
Laval (de).	1760	*Ec. Milit.*	1770
Le Boucher de Martigny.	1757	*Ec. Milit.*	1768
Le Clerc de La Ferrière.	1764	*Ec. Milit.*	1773
L'Eclerc de La Ferrière.	1697	*P. du Roi.*	1713
Le Din de La Chalerie.	1709	*P. du Roi.*	1727
Le Febvre de Chasle.	1769	*Ec. Milit.*	1777
Le Gras.	1750	*Ec. Milit.*	1760
Le Maçon dit de Trèves.	1767	*Ec. Milit.*	1775
Le Maire de Courdemanche.	1729	*P. du Roi.*	1743
Le Maire de Courtemanche et de Melières.	1693	*P. du Roi.*	1707
Le Maire de Courtemanche et de Melières.	1691	*P. du Roi.*	1707
Le Mercerel de Chasteloger.	1732	*P. du Roi.*	1746
Le Noir de Pasdeloup.	1752	*Ec. Milit.*	1762
Le Pellerin.	1749	*P. du Roi.*	1765
Le Roi de La Poterie.	1736	*P. du Roi.*	1753

NOMS.	DATE de la naissce.	POSITION.	
Le Roux de Mazé.	1685	*St-Cyr.*	1695
L'espéronnière de La Roche Bardoul (de).	1690	*P. du Roi.*	1705
L'espinasse (de).	1771	*Ec. Milit.*	1781
Lestenou (de).	1754	*St-Cyr.*	1764
Le Tourneur de Burbure.	1691	*St-Cyr.*	1702
Le Vacher de Doucé.	1689	*St-Cyr.*	1697
Le Vacher de La Chaise.	1724	*P. du Roi,*	1740
Le Vasseur-Cognées.	1670	*St-Cyr.*	1687
Le Vasseur de Fargot.	1671	*St-Cyr.*	1687
Le Vasseur de Sainte-Osmane.	1670	*St-Cyr.*	1687
Longueval d'Hazaucourt.	1773	*St-Cyr.*	1783
Lonlay (de).	1742	*St-Cyr.*	1752
Lonqueval (de).	1773	*P. du Roi.*	1789
Luillier du Plessis.	1678	*St-Cyr.*	1687
Maillé-Bénéchart (de).	1685	*P. du Roi.*	1704
Maillé-Breze-Benechard (de).	1725	*St-Cyr.*	1737
Maillé de Carman (de).	1742	*St-Cyr.*	1748
Marans (de).	1676	*St-Cyr.*	1686
Marcé (de).	1774	*Ec. Milit.*	1783
Marconnay (de).	1749	*P. du Roi.*	1764
Maroles (de).	1696	*P. du Roi.*	1714
Maroles La Bourelière (de).	1712	*St-Cyr.*	1721
Marolles (de).	1771	*St-Cyr.*	1779
Marsay (de).	1734	*P. du Roi.*	1754
Martainville-Marcilli (de).	1724	*St-Cyr.*	1732
Martigné de Villenoble (de).	1699	*St-Cyr.*	1702
Masseilles de Milon.	1769	*P. du Roi.*	1707
Maussabré de Bussière (de).	1750	*Ec. Milit.*	1761
Meaune d'Hunon (de).	1685	*St-Cyr.*	1694
Meloir (de saint).	1696	*St-Cyr.*	1707
Menou (de).	1677	*St-Cyr.*	1687
Menou (de).	1746	*P. du Roi.*	1760
Mignon de La Mignonière.	1779	*Ec. Milit.*	1790
Minault.	1730	*P. du Roi.*	1747
Mitry (de).	1738	*St-Cyr.*	1745
Mondragon (de).	1729	*P. du Roi.*	1729
Moulinvieu de La Périnière (de).	1712	*P. du Roi.*	1728
Montcler (de).	1694	*P. du Roi.*	1711
Monteclerc (de).	1738	*P. du Roi.*	1755
Montesson (de).	1688	*P. du Roi.*	1704

NOMS.	DATE de la naissᶜᵉ	POSITION.	
Montesson (de).	1748	*P. du Roi.*	1763
Montier de Turé (du).	1776	*St-Cyr.*	1687
Montreuil de La Chaux (de).	1743	*P. du Roi.*	1761
Montreuil de La Chaux (de).	1709	*P. du Roi.*	1725
Moussi (de).	1705	*St-Cyr.*	1713
Nepveu de Bellefille.	1779	*St-Cyr.*	178[illegible]
Nepveu de Bellefille.	1768	*Ec. Milit.*	1780
Nos de Pennard (des).	1706	*St-Cyr.*	1713
Nos (des).	1721	*St-Cyr.*	1731
Nos (des).	1711	*P. du Roi.*	1727
Persil (de).	1677	*St-Cyr.*	1687
Petit de La Guierche.	1688	*P. du Roi.*	1705
Pierre de Fougeraie.	1758	*P. du Roi.*	1773
Pierre de Narcay.	1750	*St-Cyr.*	1759
Pin de Lavi (du).	1700	*St-Cyr.*	1712
Pol (de saint).	1770	*P. du Roi.*	1786
Pont (du).	1734	*P. du Roi.*	1750
Pont d'Aubcroye (du).	1759	*Ec. Milit.*	1767
Prévost de Bonnezeau.	1770	*P. du Roi.*	1785
Quatrebarbes (de).	1759	*Ec. Milit.*	1769
Quatrebarbes de La Rongère.	1653	*P. du Roi.*	1672
Quetier (de).	1683	*St-Cyr.*	1691
Quinemont de Varennes.	1715	*P. du Roi.*	1729
Racapé de Chevignes (de).	1728	*St-Cyr.*	1728
Racapé de Magnane (de).	1694	*P. du Roi.*	1711
Renouard de La Madelène.	1717	*St-Cyr.*	1728
Ridouet de Sance (de).	1753	*St-Cyr.*	1761
Ridouet de Sancé (de).	1755	*Ec. Milit.*	1769
Robin de La Tremblaie.	1712	*St-Cyr.*	1723
Robin de La Tremblaye.	1746	*St-Cyr.*	1755
Rodais.	1779	*Ec. Milit.*	1788
Roger de Campagnolle.	1741	*St-Cyr.*	1751
Romans de Félines (de).	1716	*St.-Cyr*	1727
Rougé de La Bellière.	1704	*P. du Roi.*	1720
Rougé du Plessis (de).	1691	*P. du Roi.*	1710
Rougemont (de).	1733	*St-Cyr.*	1745
Rougemont (de).	1758	*Ec. Milit.*	1772
Sallayne (de).	1748	*St-Cyr.*	1749
Sarcé (de).	1778	*Ec. Milit.*	1786
Savari Lancome.	1695	*St-Cyr.*	1705

NOMS.	DATE de la naissce.	POSITION.	
Savonnière (de).	1675	*St-Cyr.*	1687
Savonnières (de).	1777	*Ec. Milit.*	1787
Savonnières (de).	1678	*St-Cyr.*	1687
Scépeau (de).	1710	*P. du Roi.*	1727
Scépeaux (de).	1714	*St-Cyr.*	1722
Scépeaux de Moulinvieux (de).	1771	*P. du Roi.*	1728
Seguin de Piegon (de).	1758	*Ec. Milit.*	1772
Seillons (de).	1681	*St-Cyr.*	1693
Signy (de).	1765	*St-Cyr.*	1770
Signy (de).	1755	*Ec. Milit.*	1766
Tahureau de La Chevalerie.	1701	*St-Cyr.*	1712
Tahureau de La Chevalorie.	1700	*P. du Roi.*	1713
Taschereau des Pictières.	1763	*Ec. Milit.*	1772
Tertre de Sancé (du).	1725	*St-Cyr.*	1773
Thiboust de Durcet.	1744	*P. du Roi.*	1759
Thienne (de).	1728	*P. du Roi.*	1745
Thoreau de La Martinière.	1747	*Ec. Milit.*	1757
Tisfeuil d'Anvaux (de).	1760	*Ec. Milit.*	1770
Treton de Vaujuars.	1756	*Ec. Milit.*	1766
Turpin.	1757	*P. du Roi.*	1773
Vacher de Lachaise.	1676	*P. du Roi.*	1692
Vahais-Vauloger (de).	1704	*P. du Roi.*	1720
Valentin de Montbrun.	1720	*Enfant-Jésus.*	1732
Valori (de).	1727	*St-Cyr.*	1736
Valori (de).	1722	*P. du Roi.*	1736
Valori (de).	1713	*St-Cyr.*	1724
Valori (de).	1715	*P. du Roi.*	1730
Valori (de).	1702	*St-Cyr.*	1714
Vançai (de).	1714	*St-Cyr.*	1724
Vançai-Conflans (de).	1686	*St-Cyr.*	1696
Vanssay de Conflane (de).	1778	*Hôpit. Montdidier.*	1790
Vanssay de Mauregard (de).	1756	*P. du Roi.*	1771
Vasse La Rochefaton (de).	1714	*P. du Roi.*	1729
Vaucelles (de).	1691	*P. du Roi.*	1709
Vaux de Lavare (des).	1670	*P. du Roi.*	1688
Vaux de Lévaré (dés).	1700	*P. du Roi.*	1715
Vaux de Levaré (des).	1737	*P. du Roi.*	1751
Vaux de Levaré (des).	1734	*P. du Roi.*	1749
Villebois (de).	1756	*Ec. Milit.*	1767
Villeneufve de Coué (de).	1768	*Ec. Milit.*	1777

Melun. -- Imprimerie de Desrues.

PROVINCES

D'AUVERGNE ET DAUPHINÉ.

AUVERGNE.

CANTAL. — HAUTE-LOIRE. — PUY-DE-DÔME.

NOMS.	DATE de la naissce.	POSITION.	
Albiat (d').	1746	*St-Cyr.*	1758
Amariton de Montfleury.	1769	*Ec. Milit.*	1780
Anteroches (d').	1776	*Ec. Milit.*	1786
Astorg.	1686	*St-Cyr.*	1698
Astorgue.	1765	*Ec. Milit.*	1774
Aurelle de La Terreneyre (d').	1745	*P. du Roi.*	1763
Authier de Villemontée de Barmontel	1742	*P. du Roi.*	1757
Aymé des Roches de Noyant.	1752	*St-Cyr.*	1763
Bar (de).	1766	*Ec. Milit.*	1775
Bar de La Condamine (de).	1769	*St-Cyr.*	1778
Bar de La Garde (de).	1766	*Ec. Milit.*	1777
Beaufranchet (de).	1769	*Ec. Milit.*	1780
Beaufranchet d'Ayat (de).	1723	*St-Cyr.*	1734
Beauverger de Montgon de Chambaud (de).	1688	*P. du Roi.*	1702
Bigault (de).	1764	*St-Cyr.*	1773
Bigault de Grandrut (de).	1767	*Ec. Milit.*	1777
Boissieu (de).	1724	*St-Cyr.*	1735
Boissieux (de).	1727	*Enfant-Jésus.*	
Boissieux (de).	1741	*Ec. Milit.*	1753
Boissieux (de).	1763	*St-Cyr.*	1775
Bonneval (de).	1769	*P. du Roi.*	1783
Bonnevie de Pognat (de).	1754	*Ec. Milit.*	1765
Bonnevie de Pognat (de).	1778	*Ec. Milit.*	1786
Bosredon (de).	1746	*St-Cyr.*	1754

NOMS.	DATE de la naissce.	POSITION.	
Bosredon (de).	1770	*St-Cyr.*	
Bosredon (de).	1693	*St-Cyr.*	1704
Bosredon (de).	1745	*Eç. Milit.*	1756
Bosredon (de).	1735	*P. du Roi.*	1750
Bosredon (de).	1730	*St-Cyr.*	1739
Bosvedon de Vieuxvoisin (de).	1722	*St-Cyr.*	1732
Boulier (de).	1766	*P. du Roi.*	1779
Bouliers du Chariot (de).	1679	*St-Cyr.*	1687
Bourdelles de Couzance (de).	1769	*Ec. Milit.*	1779
Bournat de La Perche (de).	1778	*Ec. Milit.*	1788
Brugier d'Andelat (de).	1752	*St-Cyr.*	1763
Buys.	1749	*Ec. Milit.*	1761
Calonne de Rageaud (de).	1767	*St-Cyr.*	1777
Chabannes.	1685	*P. du Roi.*	1703
Chabannes.	1690	*St-Cyr.*	1699
Chabron de Rohac (de).	1777	*Ec. Milit.*	1785
Chalus de Couzans (de).	1716	*St-Cyr.*	1728
Chalvet de Rochemontreix de Nastrac (de).	1726	*St-Cyr.*	1737
Chambaud (de).	1731	*P. du Roi.*	1747
Chambon de Marcillac (de).	1734	*St-Cyr.*	1744
Champs (de).	1741	*St-Cyr.*	1752
Champs (de).	1772	*Ec. Milit.*	1782
Chapel de La Salle.	1777	*Ec. Milit.*	1785
Charrier de Flechac.	1766	*Ec. Milit.*	1777
Chaslus (de).	1769	*Ec. Milit.*	1781
Chaslus-Prondines (de).	1691	*P. du Roi.*	1712
Chaunac (de).	1687	*St-Cyr.*	1696
Chaunac de Montlogis (de).	1733	*St-Cyr.*	1743
Cheminades de Lormet (de).	1738	*St-Cyr.*	1749
Chovigni de Blot (de).	1720	*P. du Roi.*	1736
Clos de l'Estoille (du).	1741	*P. du Roi.*	1756
Combes (de).	1673	*P. du Roi.*	1690
Combes (de).	1728	*St-Cyr.*	1737
Combes de Miremont (de).	1768	*Ec. Milit.*	1780
Combes des Morelles (de).	1778	*St-Cyr.*	1788
Combes-Miremont (de).	1711	*St-Cyr.*	1720
Combres (de).	1734	*P. du Roi.*	1744
Condé (de).	1775	*Ec. Milit.*	1786
Condé (de).	1760	*St-Cyr.*	
Corcoral (de).	1779	*St-Cyr.*	1789

NOMS.	DATE de la naiss^ce.	POSITION.	
Cordebœuf de Beauverger de Montgon (de).	1756	*Ec. Milit.*	1770
Cordebœuf de Montgon (de).	1754	*St-Cyr.*	1765
Cornaro de Curton (de).	1779	*Ec. Milit.*	1789
Cousin de La Tour-Fondue.	1737	*St-Cyr.*	1744
Cousin de La Tour-Fondue.	1711	*St-Cyr.*	1721
Croc de Chabannes (du).	1754	*Ec. Milit.*	1766
Crozet (du).	1745	*Ec. Milit.*	1756
Crozet (du).	1725	*P. du Roi.*	1739
Dantil du Ligonès.	1746	*P. du Roi.*	1763
Dantil de Ligonez.	1715	*P. du Roi.*	1734
Descaffre.	1775	*Ec. Milit.*	1784
Douhet de Cussac.	1676	*P. du Roi.*	1693
Douhet de Sourzac (de).	1771	*Ec. Milit.*	1782
Douhet de Sourzac (de).	1771	*Ec. Milit.*	1782
Dourdon de Pierrefiche (de).	1780	*Ec. Milit.*	1788
Enjobert de Martillat.	1775	*Ec. Milit.*	1785
Escorailles (d').	1757	*Ec. Milit.*	1771
Escorailles (d').	1767	*Enfant-Jésus.*	1778
Escorailles (d').	1728	*St-Cyr.*	1740
Escorailles (d').	1762	*St-Cyr.*	1774
Escorailles (d').	1691	*P. du Roi.*	1707
Escorailles de Fontanges (d').	1701	*St-Cyr.*	1711
Escorailles de Salers (d').	1703	*St-Cyr.*	1712
Escorailles-Salers La Coste (d').	1708	*St-Cyr.*	1719
Espinchal (d').	1723	*P. du Roi.*	1736
Espinchal (d').	1748	*P. du Roi.*	1762
Faure de La Combe (de).	1673	*St-Cyr.*	1686
Fayet de La Bastide (du).	1744	*Ec. Milit.*	1756
Fayet de La Terre (du).	1742	*St-Cyr.*	1753
Fayet de La Tour de Clavières (du).	1708	*St-Cyr.*	1715
Fayet de La Tour de La Vaissière (de).	1740	*St-Cyr.*	1750
Fayet de La Tour La Borie (du).	1687	*P. du Roi.*	1706
Ferrières de Sauvebœuf (de).	1725	*St-Cyr.*	1737
Finance (de).	1771	*Ec. Milit.*	1782
Fontanges.	1686	*St-Cyr.*	1696
Fontanges (de).	1755	*Ec. Milit.*	1770
Fontanges (de).	1774	*St-Cyr.*	1784
Fontanges (de).	1749	*St-Cyr.*	1756
Foucault (de).	1766	*Ec. Milit.*	1777
Frétat (de).	1770	*Ec. Milit.*	1779

NOMS.	DATE de la naissce.	POSITION.	
Giou de Cailus (de).	1697	*P. du Roi.*	1714
Giou de Cailus (de).	1760	*Ec. Milit.*	1769
Giou de Cailus (de).	1698	*St-Cyr.*	1707
Giou de Cailus (de).	1753	*P. du Roi.*	17
Gouzel de Lauriat (de).	1756	*Ec. Milit.*	1767
Guilhem (de).	1748	*St-Cyr.*	1758
Guirard de Montarnal (de).		*Ec. Milit.*	1772
Guérin de Lugéac.	1691	*P. du Roi.*	1704
Guérin de Lugeac.	1720	*P. du Roi.*	1735
Houx d'Hauterive (du).	1750	*St-Cyr.*	1762
La Boulaye (de).	1779	*St-Cyr.*	1787
Lac de Cazefort (du).	1758	*Ec. Milit.*	1772
La Fage de Fournols (de).	1715	*P. du Roi.*	1733
La Faige (de).	1760	*P. du Roi.*	1776
La Fitte (de).	1758	*St-Cyr.*	1766
La Forest de Bullion (de).	1772	*P. du Roi.*	1787
La Garde de Saigne (de).	1697	*P. du Roi.*	1709
La Garde de Saignes de Parlant (de).	1695	*St-Cyr.*	1706
Laizier de Brion.	1709	*St-Cyr.*	1719
La Mamie de Clairac (de).	1735	*P. du Roi.*	1750
La Roche du Ronzet (de).	1770	*P. du Roi.*	1784
La Rochette de Salbas (de).	1777	*Ec. Milit.*	1786
La Roque de Sévérac (de).	1770	*Ec. Milit.*	1780
La Rouzière Saint-Pons.	1674	*St-Cyr.*	1690
La Rozière de Saint-Pons (de).	1682	*P. du Roi.*	1697
La Salle (de).	1769	*Enfant-Jésus.*	1781
La Salle (de).	1734	*St-Cyr.*	1745
La Salle (de).	1681	*St-Cyr.*	1691
La Salle (de).	1769	*Ec. Milit.*	1778
La Salle de Rochemaure (de).	1770	*St-Cyr.*	1780
La Salle du Teillet.	1687	*St-Cyr.*	1699
Lastic (de).	1733	*St-Cyr.*	1741
Lastie (de).	1750	*St-Cyr.*	1762
Lastie de Sieuzac.	1680	*P. du Roi.*	1694
La Valette-Parisot (de).	1728	*St-Cyr.*	1737
Le Groing de La Maisonneuve.	1730	*St-Cyr.*	1471
Lerette (de).	1685	*St-Cyr.*	1697
Ligondès (de).	1761	*P. du Roi.*	1777
Lorme de Pagnat (de).	1710	*P. du Roi.*	1726
Luzi-Petissat (de).	1710	*St-Cyr.*	1718

NOMS.	DATE de la naiss^ce.	POSITION.	
Macon (de).	1711	*St-Cyr.*	1720
Manse de Bellegarde (de).	1772	*Ec. Milit.*	17
Marcelanges (de).	1699	*P. du Roi.*	1716
Martial d'Aurillac (de saint).	1753	*P. du Roi.*	1769
Martial de Montal (de saint).	1703	*P. du Roi.*	1720
Mascon du Chi r.	1721	*P. du Roi.*	1737
Matras d'Yolet.	1704	*P. du Roi.*	1718
Matras d'Yolet.	1702	*P. du Roi.*	1718
Mayet (de).	1742	*St-Cyr.*	1752
Mayet de La Villatelle (de).	1693	*P. du Roi.*	1710
Mayet de la Villatelle du Colombier (de).	1741	*P. du Roi.*	1754
Mealet de Cours (de).	1756	*Ec. Milit.*	1770
Méalet de Rofiac (de).	1677	*St-Cyr.*	1687
Méalet-Soliniac (de).	1715	*St-Cyr.*	1727
Molen de La Vernède (de).	1735	*P. du Roi.*	1753
Molen de La Vernède d'Eivy (de).	1738	*St-Cyr.*	1745
Montagnac de Chauvance.	1687	*P. du Roi.*	1702
Montal de Nozières.	1706	*P. du Roi.*	1719
Montal-Nozières (de).	1709	*St-Cyr.*	1718
Morel de La Colombe de La Chapelle (de).	1779	*St-Cyr.*	1788
Morgues de Lantriac (de).	1774	*Ec. Milit.*	1784
Morgues de Saint-Germain (de).	1776	*Ec. Milit.*	1786
Mouricaud (de).	1738	*St Cyr.*	1749
Murat (de).	1768	*Ec. Milit.*	1778
Murat (de).	1743	*St-Cyr.*	1755
Naucasse.	1661	*P. du Roi.*	1679
Naucasse.	1361	*P. du Roi.*	1679
Oradour (d').	1743	*St-Cyr.*	1751
Oradour (d').	1739	*P. du Roi.*	1755
Panevère (de).	1774	*St Cyr.*	1783
Pières (de).	1764	*Ec. Milit.*	1772
Plaignes (de).	1675	*P. du Roi.*	1693
Pol de Villedieu (de saint).	1764	*Ec. Milit.*	1777
Pons (de).	1736	*St-Cyr.*	1743
Pons La Grange.	1717	*St-Cyr.*	1725
Ponsonaille de Grisols du Chassang (du).	1715	*P. du Roi.*	1734
Ponsonaille de Grizols du Chasson (de).	1762	*Ec. Milit.*	1771
Pouzols (de).	1731	*P. du Roi.*	1746
Préault d'Aubeterre (de).	1723	*St-Cyr.*	1734
Reclaine.	1681	*P. du Roi.*	1697

NOMS.	DATE de la naiss[ce].	POSITION.	
Réclaine (de).	1698	*P. du Roi.*	1714
Reynaud de Monts (de).	1770	*Ec. Milit.*	1781
Ribier (de).	1755	*St-Cyr.*	1764
Ribier (de).	1739	*P. du Roi.*	1755
Riols (de).	1780	*Ec. Milit.*	1788
Riols (de).	1714	*St-Cyr.*	1724
Riom de Pradt (de).	1756	*Ec. Milit.*	1766
Rochefort d'Aillide Saint-Point.	1691	*P. du Roi.*	1708
Rochefort La Tour Saint-Vidal.	1691	*P. du Roi.*	1708
Rochette de Malauzat.	1776	*Ec. Milit.*	1785
Rolat du Brugeac (de).	1688	*P. du Roi.*	1704
Roquefeuil (de).	1756	*Ec. Milit.*	1763
Rosiers (des).	1695	*P. du Roi.*	1712
Roussel de La Batisse (du).	1776	*Ec. Milit.*	1786
Roys (des).	1767	*Enfant-Jésus.*	1767
Roys (des).	1769	*Ec. Milit.*	1778
Roziers (des).	1736	*P. du Roi.*	1751
Salvador (de).	1764	*St-Cyr.*	1767
Salvert (de).	1756	*Ec. Milit.*	1770
Salvert (de).	1675	*P. du Roi.*	1690
Salvert (de).	1743	*P. du Roi.*	1756
Salvert (de).	1708	*P. du Roi.*	1724
Salvert-Foranges (de).	1724	*St-Cyr.*	1735
Salvert-Montrognon (de).	1723	*St-Cyr.*	1731
Sarrazin de Bassignac.	1749	*St-Cyr.*	1761
Sarrazin de Bonnefont.	1700	*St-Cyr.*	1708
Sarrasin de Bonnefont (de).	1775	*Ec. Milit.*	1785
Sartiges de Lavandès (de).	1715	*St-Cyr.*	1727
Sartiges de Sourniac (de).	1763	*Ec. Milit.*	1772
Saulzet (du).	1767	*Ec. Milit.*	1777
Saunier (du).	1733	*P. du Roi.*	1748
Saunier de Serre de Montservier (du).	1778	*Ec. Milit.*	1788
Severac de Segur (de).	1769	*Ec. Milit.*	1779
Sigaud de Lestang (de).	1773	*Ec. Milit.*	1783
Strada (de).	1746	*P. du Roi.*	1756
Turenne d'Aubepeyre (de).	1766	*St-Cyr.*	1774
Turenne d'Aubepeyre (de).	1766	*St-Cyr.*	1774
Umières d'Escorailles (d').	1748	*P. du Roi.*	1764
Umières d'Olmeiras (d').	1752	*Ec. Milit.*	1762
Varennes (de).	1778	*Hôpit. Montdidier.*	1785

NOMS.	DATE de la naissce.	POSITION.	
Varennes (de).	1768	*Ec. Milit.*	1778
Vauchaussade du Compas (de).	1771	*St-Cyr.*	1781
Vauchaussade (de).	1738	*St-Cyr.*	1748
Veini d'Arbouze (de).	1692	*P. du Roi.*	1708
Veini d'Arbouze de Villemont (de).	1718	*P. du Roi.*	1733
Verdelon (de).	1770	*Ec. Milit.*	1781
Verdonnet (de).	1766	*Ec. Milit.*	1774
Verdonnet (de).	1749	*St-Cyr.*	1761
Veygny de Villemont (de).	1750	*P. du Roi.*	1764
Veyny de Villemont (de).	1747	*P. du Roi.*	1761
Vichi (de).	1684	*P. du Roi.*	1702
Vichy (de).	1778	*St-Cyr.*	1787
Vichy (de).	1758	*Ec. Milit.*	1772

DAUPHINÉ.

HAUTES-ALPES. — DROME. — ISÈRE.

NOMS.	DATE de la naissce.	POSITION.	
Aguillac de Soulages (d').	1747	*P. du Roi.*	1761
Agulhac de Soulanges (d').	1753	*St-Cyr.*	1764
Agrain des Hubas (d').	1768	*Ec. Milit.*	1778
Albon (d').	1705	*St-Cyr.*	1713
Allard (d').	1772	*St-Cyr.*	1781
Allard (d').	1739	*St-Cyr.*	1739
Altouf de Pradine (d').	1709	*P. du Roi.*	1727
Apchon de Montron (d').	1714	*P. du Roi.*	1729
Arbalestier de Monclar (d').	1771	*Ec. Milit.*	1782
Arces (d').	1766	*Ec. Milit.*	1774
Arces (d').	1688	*St-Cyr.*	1699
Arci de La Varenne (d').	1726	*St-Cyr.*	1738
Arci (d').	1705	*St-Cyr.*	1714
Arci d'Ailli (d').	1670	*P. du Roi.*	1687
Aubarède (d').	1755	*Ec. Milit.*	1766
Aubergiou.	1683	*P. du Roi.*	1700
Aubin (de saint).	1724	*St-Cyr.*	1736
Autane (d').	1726	*St-Cyr.*	1738
Badel (de).	1751	*St-Cyr.*	1761

NOMS.	DATE de la naiss	POSITION.	
Baillon de La Salle (de).	1687	*P. du Roi.*	1702
Balazue-Montréal.	1683	*St-Cyr.*	1694
Bardel (de).	1763	*Ec. Milit.*	1773
Bartoli.	1673	*P. du Roi.*	1687
Beaumont d'Autichamps (de).	1716	*P. du Roi.*	1732
Bec de La Motte Saint-Vincent.	1706	*St-Cyr.*	1715
Berenger (de).	1687	*St-Cyr.*	1696
Bernard de Volvent.	1778	*Ec. Milit.*	1787
Blou (de).	1776	*St-Cyr.*	1785
Bocsozet de Montgotier (de).	1758	*P. du Roi.*	1772
Bonot (de).	1751	*P. du Roi.*	1765
Borrel (de).	1764	*Ec. Milit.*	1772
Borrel de Chanouillet de La Grange (de).	1722	*St-Cyr.*	1734
Borrel de Chanouillet de La Grange (de).	1719	*P. du Roi.*	1736
Borrel de La Grange (de).	1760	*St-Cyr.*	1771
Bost de Boisvert (du).	1692	*St-Cyr.*	1699
Bourg de Bozas (du).	1681	*P. du Roi.*	1699
Bourg de Cézarches (du).	1677	*P. du Roi.*	1694
Bouvard de Rossieu (de).	1711	*St-Cyr.*	1722
Bouvier de Cachard (de).	1766	*Ec. Milit.*	1778
Bouvier de Fontanille.	1770	*Ec. Milit.*	1781
Bressac (de).	1756	*Ec. Milit.*	1766
Brunel de La Chapelle.	1722	*St-Cyr.*	1733
Camus-Chavagnieu et Ivours.	1674	*P. du Roi.*	1689
Camus d'Ivours.	1668	*P. du Roi.*	1684
Castre (de).	1749	*St-Cyr.*	1761
Cérachon de Varac.	1697	*P. du Roi.*	1713
Chabannes (de).	1682	*P. du Roi.*	1700
Chambaran (de).	1747	*Ec. Milit.*	1756
Chanteret de Rossillon (de).	1770	*Ec. Milit.*	1779
Chapelain de Bedos.	1726	*St-Cyr.*	1736
Chappuis de Moubou.	1746	*St-Cyr.*	1758
Chapuis d'Yseron (de).	1777	*P. du Roi.*	1780
Charbonnel de Jussac (de).	1770	*St-Cyr.*	1785
Charpin (de).	1693	*St-Cyr.*	1700
Charpin de Feugeroles (de).	1734	*St-Cyr.*	1743
Charpin de Génetines.	1711	*St-Cyr.*	1719
Charpin de Gennetines (de).	1755	*St-Cyr.*	1765
Chastaing de La Sizerane (de).	1759	*St-Cyr.*	1769
Chastel de Condres (de).	1666	*P. du Roi.*	1682

NOMS.	DATE de la naiss^ce.	POSITION.	
Clermont de Chaste de Gessan (de).	1697	*St-Cyr.*	1705
Chivallet de Chamond (de).	1752	*St-Cyr.*	1763
Constant.	1755	*Ec. Milit.*	1766
Cornillon (de).	1746	*St-Cyr.*	1756
Coudrais Chateautiers.	1664	*P. du Roi.*	1680
Dalmais.	1734	*St-Cyr.*	1746
Dalmais de La Maisonfort.	1766	*St-Cyr.*	1776
Damas (de).	1778	*St-Cyr.*	1787
Dumas de Culture.	1694	*P. du Roi.*	1710
Duport de Pontcharras.	1746	*Ec. Milit.*	1754
Dusais de Chervé.	1681	*St-Cyr.*	1692
Falcos (de).	1679	*P. du Roi.*	1696
Fassion (de).	1708	*St Cyr.*	1718
Faure de Montjau (du).	1688	*P. du Roi.*	1707
Faure de Perret.	1754	*Ec. Milit.*	1765
Fay de Villiers (de).	1740	*St-Cyr.*	1752
Fay-Gerlande (de).	1717	*P. du Roi.*	1732
Flotte (de).	1777	*St-Cyr.*	1786
Flotte (de).	1758	*Ec. Milit.*	1772
Flotte (de).	1772	*Enfant-Jésus.*	1783
Flotte (de).	1735	*P. du Roi.*	1750
Fornel (du).	1764	*St-Cyr.*	1771
Foudras (de).	1749	*St-Cyr.*	1760
Foudras de Courcenai de Beaulieu (de).	1730	*St-Cyr.*	1740
Fournillon (de).	1682	*St-Cyr.*	1690
Framond (de).	1778	*Ec. Milit.*	1786
Garagnol.	1691	*P. du Roi.*	1705
Garein.	1687	*St-Cyr.*	1696
Garnier des Garêts (de).	1770	*Ec. Milit.*	1779
Gayardon de Grezolles (de).	1740	*P. du Roi.*	1755
Gelas Le Beron (de).	1662	*P. du Roi.*	1679
Germain de Meivieu (de saint).	1680	*P. du Roi.*	1695
Girard de Vaugirard (de).	1774	*St-Cyr.*	1784
Grammont de Vachères (de).	1656	*P. du Roi.*	1672
Guillou de La Chaux (de).	1753	*Ec. Milit.*	1764
Harem La Condamine (de).	1727	*P. du Roi.*	1742
Harenc (de).	1731	*P. de la Dauphine.*	1749
Hedouville (de).	1755	*Ec. Milit.*	1769
Honorat, dite Honoraty.	1778	*St-Cyr.*	1788
Jaconin de Pravieux (de).	1698	*St-Cyr.*	1706

NOMS.	DATE de la naiss^ce.	POSITION.	
Jaconin de Pravieux.	1693	*St-Cyr.*	1702
Julien de Vinezac (de).	1753	*Ec. Milit.*	1764
La Faige (de).	1765	*Ec. Milit.*	1775
La Faige (de).	1776	*St-Cyr.*	1786
La Fontaine (de).	1767	*Ec. Milit.*	1777
La Fontaine (de).	1761	*St-Cyr.*	1772
Lagarde des Poujols (de).	1760	*Ec. Milit.*	1770
La Mure de Chanlon.	1675	*St-Cyr.*	1687
Lange (de).	1678	*St-Cyr.*	1687
La Porpe de Verinieux (de).	1722	*St-Cyr.*	1731
Laporte de Bossorel (de).	1740	*P. du Roi.*	1756
La Roche-Poncier (de).	1777	*Ec. Milit.*	1786
Latier de Bayane (de).	1683	*P. du Roi.*	1699
Latier de Bayane.	1697	*P. du Roi.*	1713
La Tour de Gouvernet de Verfeuille (de)	1766	*Ec. Milit.*	1775
La Tour-Mautauban (de).	1709	*P. du Roi.*	1725
La Tour-Gouvernet des Taillades (de).	1715	*P. du Roi.*	1730
La Tour La Chance d'Alénac (de).	1715	*P. du Roi.*	1728
La Tour-Montauban de Moufroc (de).	1707	*P. du Roi.*	1728
Laurencin (de).	1776	*St-Cyr.*	1784
Laurencin d'Avenas.	1697	*P. du Roi.*	1713
Laurencin de Chanzé (de).	1744	*Ec. Milit.*	1754
La Villette (de).	1765	*St-Cyr.*	
La Villette (de).	1764	*Ec. Milit.*	1772
La Villette (de).	1723	*Enfant-Jésus.*	1736
Le Blanc de Ferrière.	1768	*St-Cyr.*	1777
Léger (de saint).	1769	*Ec. Milit.*	1781
Lestrange (de).	1761	*St-Cyr.*	1771
L'Olivier de Bonne (de).	1756	*Ec. Milit.*	1768
Loras.	1666	*P. du Roi.*	1683
Loras (de).	1681	*St-Cyr.*	1689
Loras (de).	1629	*St-Cyr.*	1741
Maladière de Quincieu.	1694	*St-Cyr.*	1702
Malbec de Briges (de).	1715	*P. du Roi.*	1727
Malian de La Case (de).	1743	*P. du Roi.*	1758
Malyver (de).	1736	*P. du Roi.*	1752
Marcel (de).	1678	*P. du Roi.*	1694
Marsanne (de).	1745	*St-Cyr.*	1757
Mélat de Saint-Livrad.	1744	*P. du Roi.*	1760
Merle de La Gorce (de).	1745	*P. du Roi.*	1758

NOMS.	DATE de la naiss^ce^.	POSITION.	
Mignot de La Martizière.	1764	*Ec. Milit.*	1773
Monspey (de).	1733	*P. du Roi.*	1750
Montchenu (de).	1705	*P. du Roi.*	1721
Montchenu (Adrien de).	1728	*P. du Roi.*	1742
Montchenu (de).	1726	*P. du Roi.*	1742
Montdor (de).	1741	*P. du Roi.*	1756
Montdor (de).	1738	*P. du Roi.*	1754
Montdor (de).	1750	*St-Cyr.*	1758
Montdor (de).	1770	*P. du Roi.*	1784
Montrichard (de).	1731	*St-Cyr.*	1741
Montrichard (de).	1756	*P. de la Dauphine.*	1772
Montrond (de).	1760	*St-Cyr.*	1771
Montrond (de).	1748	*Ec. Milit.*	1760
Morard (de).	1733	*P. du Roi.*	1746
Morard de Galle de La Peillette (de).	1780	*Ec. Milit.*	1788
Moressan de Chabillon (de).	1729	*P. du Roi.*	1741
Moreton.	1669	*P. du Roi.*	1685
Moreton.	1669	*P. du Roi.*	1685
Murinais.	1655	*P. du Roi.*	1672
Musy (de).	1738	*P. du Roi.*	1755
Nompère de Champagny de Pierrefitte (de).	1756	*Ec. Milit.*	1770
Noyel (de).	1776	*Ec. Milit.*	1785
Pineson de Chambrun (de).	1730	*P. du Roi.*	1744
Pinestre de Chambrun (de).	1727	*St-Cyr.*	1736
Ponnat (de).	1739	*P. du Roi.*	1755
Ponnat (de).	1709	*P. du Roi.*	1726
Pont (du).	1755	*Ec. Milit.*	1770
Portes (de).	1698	*St-Cyr.*	1709
Pracomtat (de).	1733	*P. du Roi.*	1747
Prunier (de).	1670	*P. du Roi.*	1686
Puel de Parlan (de).	1743	*P. du Roi.*	1758
Rastel de Rocheblave (de).	1728	*St-Cyr.*	1740
Rastel de Rocheblave (de).	1744	*Ec. Milit.*	1753
Rastel de Rocheblave (de).	1739	*P. du Roi.*	1757
Rastel de Rocheblave (de).	1740	*P. du Roi.*	1758
Rastel de Rocheblave (de).	1761	*Enfant-Jésus.*	1772
Renaud de Belleseize.	1677	*P. du Roi.*	1699
Revilliasc (de).	1736	*P. du Roi.*	1752
Rigot de Montjouse (de).	1754	*Ec. Milit.*	1765
Rivolle (de).	1756	*Ec. Milit.*	1770

NOMS.	DATE de la naiss^ce.	POSITION.	
Robert de Châteauneuf.	1766	*Ec. Milit.*	1778
Roiraud Saint-Alban (de).	1717	*St-Cyr.*	1728
Rostaing (de).	1749	*St-Cyr.*	1761
Rostaing (de).	1740	*P. du Roi.*	1755
Roux-Déagent (de).	1735	*P. du Roi.*	1747
Ruolz (de).	1747	*Ec. Milit.*	1755
Sallemard de Montfort (de).	1770	*Ec. Milit.*	1779
Sautereau de Chasse.	1743	*P. du Roi.*	1756
Séguin de Prades de Neyniès (de).	1758	*St-Cyr.*	1768
Sibeud Saint-Ferriol.	1684	*St-Cyr.*	1692
Sibuet-Châteauvieux.	1698	*St-Cyr.*	1708
Sirvinges de Sevelinges (de).	1738	*P. de la Reine.*	1752
Solier (du).	1714	*St-Cyr.*	1725
Solier (du).	1755	*Ec. Milit.*	1767
Surville de Maleval (de).	1677	*St-Cyr.*	1687
Terrat (du).	1771	*St-Cyr.*	1781
Thibault de Noblet de La Rochetullon (de).	1749	*Ec. Milit.*	1760
Thibault de Noblet de La Rochetullon (de).	1749	*Ec. Milit.*	1760
Thibaud de Tulin de Thongni.	1706	*P. du Roi.*	1721
Tivolei de Barat (de).	1713	*P. du Roi.*	1729
Tremolet de La Cheisserie (du).	1777	*Ec. Milit.*	1786
Urre (d').	1731	*St-Cyr.*	1741
Urre de Molans (d').	1745	*Ec. Milit.*	1755
Vaulserres des Adrets (de).	1761	*P. du Roi.*	1774
Virieu (de).	1733	*P. du Roi.*	1749

Melun. — Imprimerie de Desrues.

PROVINCE

DE

LA BOURGOGNE.

BOURGOGNE.

AIN. — CÔTE-D'OR. — YONNE. — SAÔNE-ET-LOIRE.

NOMS.	DATE de la naiss^{ce}.	POSITION.	
Amblard de Las Martrès.	1692	*St-Cyr.*	1701
Andras du Montoi.	1722	*St-Cyr.*	1732
Anthouard de Vraincourt (d').	1773	*Ec. Milit.*	1784
Arcelot de Dracy (d').	1780	*Ec. Milit.*	17
Arlos de La Servette (d').	1695	*St-Cyr.*	1705
Arloz (d').	1753	*Ec. Milit.*	1765
Baillet de Vaugrenant.	1763	*Enfant-Jésus.*	1770
Balai (de).	1724	*P. du Roi.*	1739
Balathier de Lantage (de).	1761	*St-Cyr.*	1768
Balay (de).	1748	*St-Cyr.*	1758
Ban de La Feuillée (du).	1713	*P. du Roi.*	1728
Ban de La Feuillée (du).	1668	*P. du Roi.*	1686
Ban de La Feuillée (du).	1722	*P. du Roi.*	1744
Barberot.	1749	*St-Cyr.*	1760
Barberot d'Autel.	1752	*Ec. Milit.*	1762
Barres (des).	1749	*P. du Roi.*	1765
Bataille de Mandelot.	1718	*St-Cyr.*	1730
Bataille de Mandelot.	1721	*P. du Roi.*	1732
Baudinot de La Salle.	1734	*St-Cyr.*	1741
Bernard de Montessus.	1745	*P. du Roi.*	1759
Bernard de Montessus de Ruilli.	1716	*P. du Roi.*	1732
Bernard de Montessut.	1681	*P. du Roi.*	1696
Biencourt (de).	1764	*St-Cyr.*	1772
Billault (de).	1764	*Ec. Milit.*	1772

NOMS.	DATE de la naissce.	POSITION.	
Boisguérin de Berncourt (de).	1760	*Ec. Milit.*	1770
Boistouzet d'Ormenans (de).	1733	*St-Cyr.*	1744
Bommarchant (de).	1773	*Ec. Milit.*	1784
Boucher de Milli.	1714	*P. du Roi.*	1730
Boucher du Milli.	1720	*St-Cyr.*	1731
Bouzies (de).	1768	*St-Cyr.*	1
Brachet (de).	1765	*P. du Roi.*	1778
Brachet (de).	1764	*P. du Roi.*	1778
Brachet Sainte-Andéol (de).	1734	*St-Cyr.*	1743
Brancion (de).	1699	*Chevali. d'honneur.*	1755
Brancion (de).	1699	*P. du Roi.*	1714
Bretagne (de).	1773	*Ec. Milit.*	1783
Buffevant de Percei.	1683	*P. du Roi.*	1701
Buisson de Blainvillle (du).	1742	*P. du Roi.*	1756
Busseul (de).	1702	*St-Cyr.*	1712
Caffod de La Ferrière.	1772	*Ec. Milit.*	1782
Champ d'Assaut (du).	1760	*Ec. Milit.*	1769
Champeaux (de).	1763	*Ec. Milit.*	1771
Champeaux (de).	1767	*Ec. Milit.*	1779
Champion de Nansouty.	1768	*Ec. Milit.*	1778
Chappuis (de).	1768	*Ec. Milit.*	1778
Charry (de).	1765	*Enfant-Jésus.*	
Chartenai (de).	1726	*St-Cyr.*	1734
Chassenay de Lenti (de).	1733	*St-Cyr.*	1744
Chastenay (de).	1753	*St-Cyr.*	1763
Chatenai.	1682	*P. du Roi.*	1699
Chatenai (de).	1720	*St-Cyr.*	1731
Chaugi (de).	1701	*St-Cyr.*	1708
Chaugi Lantilli.	1699	*P. du Roi.*	1715
Chenu (de).	1755	*Ec. Milit.*	1766
Chenu du Souchet (de).	1774	*St-Cyr.*	1783
Choiseul d'Esguilli (de).	1692	*P. du Roi.*	1705
Choiseul de Traves (de).	1673	*P. du Roi.*	1690
Choiseul Esquilli.	1696	*St-Cyr.*	1706
Colin de Monsigni.	1736	*St-Cyr.*	1745
Comeau de Satenot.	1776	*St-Cyr.*	1786
Comeau de Satenot.	1767	*Ec. Milit.*	1778
Cominges de Beaudesert (de).	1768	*Ec. Milit.*	1778
Contaud de Coulange.	1779	*Ec. Milit.*	1788
Corail (de).	1760	*Ec. Milit.*	1769

NOMS.	DATE de la naiss^ce.	POSITION.	
Courlet de Vregille.	1766	*Ec. Milit.*	1774
Courtot de Cissey.	1780	*Ec. Milit.*	1788
Crecy (de).	1742	*St-Cyr.*	1749
Crest de Montigni (du).	1721	*St-Cyr.*	1732
Crest de Montigny (du).	1744	*St-Cyr.*	1755
Crosey (de).	1756	*St-Cyr.*	1768
Damas d'Aulézi.	1698	*P. du Roi.*	1713
Damas de Cormaillon.	1679	*St-Cyr.*	1687
Damas de Cormaillon.	1758	*P. du Roi.*	1772
Damas de Crux.	1743	*P. du Roi.*	1760
Damas de Crux.	1676	*P. du Roi.*	1690
Damas de Lentilly.	1746	*P. du Roi.*	1760
Davout.	1740	*Ec. Milit.*	1753
Davout.	1771	*St-Cyr.*	1780
Deffand (du).	1679	*St-Cyr.*	1687
Deffand d'Ordan (du).	1675	*St-Cyr.*	1687
Deffant (du).	1730	*P. du Roi.*	1747
Digoine du Palais (de).	1765	*Ec. Milit.*	1761
Dio de Montpeiroux de Montmort.	1713	*P. du Roi.*	1729
Drée de la Serrée (de).	1736	*St-Cyr.*	1744
Duglas.	1759	*Ec. Milit.*	1769
Escrots d'Estrées (d').	1692	*St-Cyr.*	1702
Escures (des).	1771	*Enfant-Jésus.*	1782
Espiard.	1763	*Ec. Milit.*	1773
Estut d'Assai (d').	1692	*St Cyr.*	1700
Estut d'Assay (d').	1742	*St-Cyr.*	1752
Fauthrières (de).	1723	*P. du Roi.*	1735
Favre de Longry.	1767	*Ec. Milit.*	1778
Ferra de Courtines (de).	1750	*St-Cyr.*	1761
Fiot de Vaugimois.	1688	*P. du Roi.*	1704
Fleurigny (de).	1681	*P. du Roi.*	1697
Florimond (de).	1713	*St-Cyr.*	1722
Florin.	1777	*Ec. Milit.*	17
Foisi de Torci (de).	1677	*St-Cyr.*	1688
Foissi (de).	1699	*St-Cyr.*	1707
Foissy (de).	1735	*P. du Roi.*	1753
Foissy (de).	1733	*St-Cyr.*	1744
Framery (de).	1777	*St-Cyr.*	1786
Frasans (de).	1770	*Ec. Milit.*	1779

NOMS.	DATE de la naissce.	POSITION.	
Garnier de Falletans.	1779	*St-Cyr.*	1789
Gauviol du Mont (de).	1665	*P. du Roi.*	1681
Germain (de saint).	1773	*St-Cyr.*	1782
Gillet de Thorey.	1774	*Ec. Milit.*	1784
Girard de Saint-Gérand.	1767	*Ec. Milit.*	1777
Grain de Saint-Marsault.	1764	*St-Cyr.*	1775
Gripière de Moncroc (de).	1738	*P. du Roi.*	1753
Grivel de Saint-Mauris (de).	1765	*Ec. Milit.*	1774
Guijon.	1719	*St-Cyr.*	1730
Guillaume de Sermizelle.	1776	*St-Cyr.*	1786
Guyot de Maiché (de).	1770	*P. de la Reine.*	1783
Harangnier de Quincerot (de).	1748	*St-Cyr.*	1758
Humes de Chérisi (de).	1721	*P. du Roi.*	1735
Ivoley (d').	1764	*Ec. Milit.*	1772
Jaquot de Rosey (de).	1759	*Ec. Milit.*	1767
Jaucourt (de).	1743	*P. du Roi.*	1759
Jouffroy de Mouillard (de).	1733	*P. du Roi.*	1750
La Forest (de).	1752	*St-Cyr.*	1763
Lallemant de Vayte.	1741	*P. du Roi.*	1754
Lanneau de Marey (de).	1758	*Ec. Milit.*	1772
La Rivière La Borde Croisilles (de	1696	*St-Cyr.*	1706
La Rivière La Borde de Chauminet.	1681	*St-Cyr.*	1691
Lartigue d'Arné (de).	1748	*Ec. Milit.*	1760
La Teyssonnière (de).	1738	*Ec. Milit.*	1753
La Teyssonnière (de).	1771	*St-Cyr.*	1780
Lavier (de).	1729	*St-Cyr.*	1740
Le Bacle.	1674	*St-Cyr.*	1687
Le Bacle Beauregard.	1681	*P. du Roi.*	1695
Le Bacle de Moulins.	1699	*P. du Roi.*	1714
Le Bacle de Poni.	1676	*St-Cyr.*	1687
Le Clerc de Fleurigni.	1682	*P. du Roi.*	1698
Lenfernat (de).	1778	*St-Cyr.*	1788
L'Enfernat (de).	1695	*St-Cyr.*	1703
Le Vieux de Corcelle.	1756	*Ec. Milit.*	1770
Loisi Franlieu.	1694	*St-Cyr.*	1706
Longecombe (de).	1774	*St-Cyr.*	1775
Longecomble de Thoys (de).	1732	*St-Cyr.*	1743
Longueville (de).	1705	*St-Cyr.*	1715
Lort (de).	1757	*Ec. Milit.*	1768

NOMS.	DATE de la naissce.	POSITION.	
Loubat de Bohan.	1754	*Ec. Milit.*	1765
Louvet.	1732	*Collége Mazarin.*	1745
Luzion de L'Egouthail.	1771	*Ec. Milit.*	1781
Magnien de Chailly (de).	1735	*P. du Roi.*	1753
Mairot de Mutignei.	1714	*P. du Roi.*	1731
Malivert (de).	1775	*Ec. Milit.*	1784
Marché (du).	1755	*Ec. Milit.*	1767
Mauris (de saint).	1749	*Ec. Milit.*	1759
Meynier de La Salle.	1753	*St-Cyr.*	1763
Moiria (de).	1723	*St-Cyr.*	1733
Montjouvent (de).	1715	*P. du Roi.*	1728
Moissard du Planet.	1701	*St-Cyr.*	1709
Monspei Luisandre.	1682	*St-Cyr.*	1690
Montlezun (de).	1773	*P. du Roi.*	1789
Morot de Gresigny (de).	1767	*Ec. Milit.*	1779
Mouchet de Beaumont.	1703	*St-Cyr.*	1715
Moustier (de).	1736	*St-Cyr.*	1746
Moyria de Chatillon (de).	1747	*P. du Roi.*	1760
Mung La Ferté (de).	1717	*St-Cyr.*	1724
Nasurel de Baleuvre.	1718	*P. du Roi.*	1735
Pé de Loriesme (du).	1694	*St-Cyr.*	1705
Pécaud.	1746	*St-Cyr.*	1758
Pecauld de Changin.	1745	*Ec. Milit.*	1756
Perrault.	1764	*Ec. Milit.*	1773
Petit de Viévigne.	1751	*P. du Roi.*	1774
Petit de Viévigne.	1751	*F. de la Dauphine.*	1764
Petremand de Valay.	1758	*Ec. Milit.*	1772
Peyrolle (de).	1767	*Ec. Milit.*	177
Polliart (de).	1695	*St-Cyr.*	1706
Pourcheresse de Fraisans (de).	1765	*Ec. Milit.*	1774
Puy de Châteauvert (du).	1765	*Ec. Milit.*	1774
Quarré d'Aligni.	1732	*St-Cyr.*	1744
Quarré d'Aligny.	1751	*Ec. Milit.*	1762
Quarré d'Aligny.	1688	*P. du Roi.*	1704
Quarré d'Aligny.	1744	*St-Cyr.*	1756
Richard de Beligny.	1780	*Ec. Milit.*	1788
Riolet (de).	1704	*P. du Roi.*	1720
Riollet.	1666	*P. du Roi.*	1684
Riollet (de).	1738	*P. du Roi.*	1752
Riollet de Mortueil (de).	1745	*P. du Roi.*	1757

NOMS.	DATE de la naiss^ce.	POSITION.	
Riollet de Morteuil (de).	1737	*P. du Roi.*	1753
Romanet de Rosay (de).	1746	*Ec. Milit.*	1756
Roquemaurel (de).	1771	*Ec. Milit.*	1783
Rosières de Sorans (de).	1742	*St-Cyr.*	1750
Rougeot de Moncrif.	1775	*Ec. Milit.*	1785
Roux du Rognon.	1767	*Ec. Milit.*	1777
Roux du Rognon.	1767	*Ec. Milit.*	1777
Royer de Saint-Micaut (de).	1684	*P. du Roi.*	1700
Sagey (de).	1755	*Ec. Milit.*	1767
Saix d'Arnans (du).	1740	*St-Cyr.*	1748
Salin de Mac (de).	1760	*Ec. Milit.*	1769
Sarcey (de).	1734	*P. du Roi.*	1750
Saucière de Tenance.	1682	*P. du Roi.*	1697
Saucière de Tenance (de).	1717	*P. du Roi.*	1731
Senevoi (de).	1707	*Chevalier d'honneur au parl. de Dijon.*	
Senevoy (de).	1751	*P. du Roi.*	1761
Sercei (de).	1670	*P. du Roi.*	1687
Seyturier (de).	1767	*St-Cyr.*	1778
Seyturier (de).	1765	*Ec. Milit.*	1774
Stud d'Assay (de).	1757	*P. de la Dauphine.*	1773
Tartre de Lambespin de Chilli (du)	1708	*Collége Mazarin.*	1723
Texier de Hautefeuille.	1735	*P. du Roi.*	1749
Toisi, seigneur de Torcy (de).	1679	*St-Cyr.*	1691
Toulongon (de).	1702	*P. du Roi.*	1717
Toytot.	1777	*Ec. Milit.*	1787
Tranchant de La Verne.	176	*Ec. Milit.*	1776
Tressondan (de).	1730	*St-Cyr.*	1741
Truchis (de).	1726	*St-Cyr.*	1737
Truchis (de).	1723	*St-Cyr.*	1732
Truchis de Lays (de).	1740	*P. de la Reine.*	1775
Udressier (d').	1725	*P. du Roi.*	1741
Val (du).	1763	*Ec. Milit.*	1771
Vaudrai (de).	1665	*P. du Roi.*	1688
Vaugrigneuse (de).	1757	*Enfant-Jésus.*	1768
Vaugrigneuse (de).	1765	*Ec. Milit.*	1775
Vaulchier du Deschaux (de).	1741	*St-Cyr.*	1751
Vernerey de Montcourt (de).	1766	*St-Cyr.*	1
Vernier de Pyans.	1772	*Ec. Milit.*	1783
Viart de Chalvosson.	1764	*Ec. Milit.*	1773

NOMS.	DATE de la naiss^ce.	POSITION.	
Viart de Pimelle.	1716	*St-Cyr.*	1728
Viart de Pimelle.	1716	*St-Cyr.*	1728
Viénot de Vaublanc.	1770	*Ec. Milit.*	1781
Vilers La Faye du Rousset (de).	1740	*P. du Roi.*	1756
Vilers La Faye du Rousset (de).	1706	*P. du Roi.*	1723
Villers La Faye (de).	1772	*P. du Roi.*	1786
Vitier (de).	1775	*Ec. Milit.*	1785
Yvoley (d').	1762	*St-Cyr.*	

Melun. — Imprimerie de Desrues.

PROVINCE

DE

LA BRETAGNE.

BRETAGNE.

ILLE-ET-VILAINE. — CÔTES DU NORD. — FINISTÈRE. — MORBIHAN. — LOIRE-INFÉRIEURE.

NOMS.	DATE de la naissce.	POSITION.	
Achon de Rigaudière.	1764	*Ec. Milit.*	1773
Andigné (d').	1748	*P. du Roi.*	1763
Andigné (d').	1700	*P. du Roi.*	1715
Ansquer de Kernilis.	1775	*Ec. Milit.*	1785
Aubaud du Perron.	1702	*St-Cyr.*	1713
Aubert de Courserac.	1721	*St-Cyr.*	1729
Aubigné, seigneur de la Ferrière.	1666	*P. du Roi.*	1683
Aubin.	1756	*St-Cyr.*	1784
Aubin de Potcouart.	1760	*Ec. Milit.*	1770
Bahuno de Bérieu.	1714	*P. du Roi.*	1730
Bahunot du Liscoet.	1748	*P. du Roi.*	1766
Barrin de la Gallissonière.	1733	*P. du Roi.*	1750
Beauchamps Henry (de).	1762	*St-Cyr.*	1770
Beaudiez du Rest.	1776	*Ec. Milit.*	1786
Becdelièvre de Brossay.	1754	*P. du Roi.*	1754
Becdelièvre de Brossay.	1771	*P. du Roi.*	1786
Becdelièvre du Peinhouet.	1760	*P. du Roi.*	1776
Bédée (de).	1779	*St-Cyr.*	1789
Begasson (de).	1762	*P. du Roi.*	1774
Begasson (de).	1722	*P. du Roi.*	1738
Blanchard du Val.	1769	*St-Cyr.*	1778
Béraud de la Haie du Riou.	1677	*P. du Roi.*	1692
Bernard de Courville.	1749	*Ec. Milit.*	1760
Bernard de Saint-Lary.	17	*Ec. Milit.*	17

NOMS.	DATE de la naissce.	POSITION.	
Berthelot du Gage.	1760	*St-Cyr.*	1772
Berthelot du Gage.	1757	*Ec. Milit.*	1771
Billouart de Kerlerec.	1770	*Ec. Milit.*	1779
Bizien du Lézard.	1736	*P. du Roi.*	1753
Roberil (du).	1751	*St-Cyr.*	1760
Roberil du Molant.	1764	*Ec. Milit.*	1773
Bois de la Terronière.	1724	*P. du Roi.*	1740
Boisbaudri.	1672	*P. du Roi.*	1680
Boisbaudry (du).	1699	*P. du Roi.*	1717
Boisbilly (du).	1750	*St-Cyr.*	1762
Boisgelin (du)	1694	*St-Cyr.*	1703
Boisgelin (du).	1721	*St-Cyr.*	1730
Boisgelin de Kerdu.	1758	*Ec. Milit.*	1767
Boisgelin de Kerdu.	1757	*St-Cyr.*	1769
Boisguéhéneuc (du).	1758	*P. du Roi.*	1775
Boisguéhéneuc de Kermainguy.	1774	*Ec. Milit.*	1784
Bongars (de).	1771	*Ec. Milit.*	1781
Bonniot (de).	1768	*Ec. Milit.*	
Bonsens de Courci des Espinais.	1698	*St-Cyr.*	1707
Bonsens des Espinais.	1696	*P. du Roi.*	1711
Borerel de la Bretonnière.	1728	*P. du Roi.*	1743
Bosderu (du).	1728	*St-Cyr.*	1740
Bot (du).	1714	*P. du Roi.*	1730
Bot (du).	1710	*P. du Roi.*	1728
Bot de Grego.	1741	*P. du Roi.*	1755
Bot des Sales.	1715	*P. du Roi.*	1732
Botevel la Pinelaïe.	1681	*P. du Roi.*	1696
Botherel de Saint-Denas.	1710	*P. du Roi.*	1725
Bouais du Rocher.	1745	*P. du Roi.*	1759
Bouetier de Kerlan.	1682	*P. du Roi.*	1697
Bouetier de Kerlan.	1708	*P. du Roi.*	1725
Bouetier de Quellenec.	1741	*P. du Roi.*	1741
Bouexic (du).	1757	*Ec. Milit.*	1771
Bourcier de Quellence.	1720	*P. du Roi.*	1736
Bourgneuf (du).	1765	*St-Cyr.*	1777
Boylesve de Chamballan.	1755	*Ec. Milit.*	1767
Bréal (de).	1749	*St-Cyr.*	1759
Bréal des Chapelles.	1753	*Ec. Milit.*	1764
Breil de Pontbriand.	1688	*P. du Roi.*	1705
Breil de Pontbriand	1725	*St-Cyr.*	1734

NOMS.	DATE de la naiss^{ce}.	POSITION.	
Breil de Pontbriand.	1715	*P. du Roi.*	1732
Breil de Pontbriand.	1666	*P. du Roi.*	1682
Breil de Pontbriand.	1743	*P. du Roi.*	1759
Breil de Pontbriand.	1744	*P. du Roi.*	1760
Breil de Pontbriand.	1672	*St-Cyr.*	1687
Breuil de Rais.	1690	*P. du Roi.*	1709
Bruc (de).	1763	*St-Cyr.*	1773
Bruc de Montplaisir.	1735	*P. du Roi.*	1755
Bruc de Signy.	1769	*Ec. Milit.*	1778
Cadot de Sébeville-Boureville.	1710	*St-Cyr.*	1720
Carheil (de).	1766	*P. du Roi.*	1780
Carné (de).	1752	*St-Cyr.*	1762
Castelan (de).	1724	*P. du Roi.*	1740
Castellan (de).	1752	*P. du Roi.*	1770
Champion de Cicé.	1745	*Ec. Milit.*	1756
Champion de Cicé.	1730	*St-Cyr.*	1742
Charbonneau de l'Eschasséné.	1703	*P. du Roi.*	1719
Chardonnay (de).	1746	*P. du Roi.*	1762
Charnières (de).	1779	*St-Cyr.*	1789
Chastel (du).	1747	*St-Cyr.*	1757
Chastel (du).	1754	*St-Cyr.*	1764
Chastel de la Ronadais.	1745	*P. du Roi.*	1758
Chatton des Morandais.	1764	*St-Cyr.*	1767
Chatton des Morandais.	1768	*Ec. Milit.*	1778
Chrestien de la Masse.	1710	*St-Cyr.*	1718
Cillart de la Villeneuve.	1766	*Ec. Milit.*	1777
Clos du Kerpent.	1711	*P. du Roi.*	1727
Coaterel (de).	1722	*P. du Roi.*	1741
Coetlogon (de).	1772	*Ec. Milit.*	1783
Coëtlosquet (du).	1728	*P. du Roi.*	1743
Coëtlosquet (du).	1717	*P. du Roi.*	1731
Coetnempren de Kersaint.	1746	*Ec. Milit.*	1757
Coëtrien (de).	1699	*P. du Roi.*	1718
Colin de la Biochaye.	1770	*P. du Roi.*	1785
Collas de la Baronais.	1769	*St-Cyr.*	1779
Collas de la Baronnais.	1764	*Ec. Milit.*	1773
Corneillant du Travet.	1778	*Ec. Milit.*	17
Cornouaille (de).	1777	*Ec. Milit.*	1786
Couppé de Kermené.	1758	*Ec. Milit.*	1772
Courson de la Villehelio.	1750	*Ec. Milit.*	1761

NOMS.	DATE de la naiss^{ce}.	POSITION.	
Courson de Lessac.	1749	*Ec. Milit.*	1760
Coutance la Selle (de).	1708	*P. du Roi.*	1722
Crésoles (de).	1719	*P. du Roi.*	1738
Delage.	1662	*P. du Roi.*	1679
Dieusie (de).	1748	*P. du Roi.*	1763
Drenec de Tredern.	1755	*Ec. Milit.*	1769
Dresnay (du).	1773	*P. de la Reine.*	1788
Fleuriot de la Freulière.	1741	*St-Cyr.*	1752
Fleuriot de Langle.	1752	*Ec. Milit.*	1762
Fleuriot de Langle.	1738	*P. du Roi.*	1753
Fon de Kerdaniel.	1749	*Ec. Milit.*	1761
Forçans (de).	1724	*P. du Roi.*	1739
Fourché de Quehillac de Villefregon.	1714	*P. du Roi.*	1735
France de Landal.	1722	*St-Cyr.*	1729
France de Landat.	1714	*P. du Roi.*	1729
Fréanna (de).	1724	*P. du Roi.*	1741
Freslon de Saint-Aubin.	1741	*St-Cyr.*	1753
Frevelec (de).	1736	*P. du Roi.*	1753
Gélin de Coetconvrau.	1682	*P. du Roi.*	1699
Geslin de Bringalo.	1723	*St-Cyr.*	1734
Geslin de la Villeneuve.	1753	*Ec. Milit.*	1764
Gilles de Romilley (saint).	1670	*P. du Roi.*	1687
Gohon (de).	1718	*P. du Roi.*	1734
Goulames (de).	1698	*St-Cyr.*	1710
Goulhezre.	1693	*St-Cyr.*	1702
Goulhezre de l'Isle.	1694	*St-Cyr.*	1706
Goulhezre de Rulan.	1693	*St-Cyr.*	1704
Goureuf Trémenet (de).	1705	*P. du Roi.*	1722
Gourvinec du Bisec.	1670	*P. du Roi.*	1686
Gouyon.	1757	*St-Cyr.*	1769
Goyon de Beaufort.	1698	*P. du Roi.*	1714
Goyon de Miniac.	1695	*St-Cyr.*	1703
Goyon et Thaumas.	1737	*P. du Roi.*	1753
Goyon de Vaux.	1719	*P. du Roi.*	1734
Goyon de Vaux.	1724	*St-Cyr.*	1733
Goyon du Vorouault.	1695	*P. du Roi.*	1712
Goyon du Vauronaut.	1696	*St-Cyr.*	1706
Grain de Saint-Marsault.	1750	*St-Cyr.*	1762
Grignard Champsavoy.	1722	*P. du Roi.*	1737

NOMS.	DATE de la naiss^ce.	POSITION.	
Grignard de Champsavoy.	1771	*P. du Roi.*	1786
Grignard de Champsavoy.	1763	*P. du Roi.*	1777
Guer (de).	1684	*P. du Roi.*	1699
Guerrif de Lanouan.	1741	*P. du Roi.*	1756
Guillemot de Vauvert.	1763	*Ec. Milit.*	1772
Haffont de Lestrediagat.	1779	*St-Cyr.*	1788
Haï de Bonneville.	1707	*P. du Roi.*	1722
Harscouet.	1748	*Ec. Milit.*	1760
Hay des Nétumières.	1720	*P. du Roi.*	1734
Hay de Tircé.	1710	*P. du Roi.*	1728
Hemery de la Fontaine Saint-Pern.	1745	*St-Cyr.*	1754
Henry de Kermartin.	1764	*Ec. Milit.*	1773
Hingaut de Kévissas.	1689	*P. du Roi.*	1709
Huchet.	1753	*St-Cyr.*	1764
Huchet de Cintré.	1700	*P. du Roi.*	1719
Huon de Kermadec.	1748	*P. du Roi.*	1762
Imbaut de Marigny.	1692	*St-Cyr.*	1701
Kergoet (de).	1689	*P. du Roi.*	1706
Kerouallan (de).	1772	*Ec. Milit.*	178
Kerouallan (de).	1740	*St-Cyr.*	1750
Kerret (de).	1763	*Ec. Milit.*	1772
Kersauzon (de).	1718	*P. du Roi.*	1737
Kerven de Kersulic.	1755	*Ec. Milit.*	1766
Kérampuil (de).	1753	*P. du Roi.*	1769
Kérampuil (de).	1756	*P. du Roi.*	1771
Kérampuil (de).	1757	*P. du Roi.*	1773
Kerbondel de la Courpean.	1719	*P. du Roi.*	1734
Kergarion (de).	1719	*P. du Roi.*	1738
Kergoet (de).	1674	*P. du Roi.*	1690
Kerguezec (de).	1772	*P. du Roi.*	1786
Kerhoent de Coëtanfao, de Lomaria.	1718	*P. du Roi.*	1734
Kerhoent de Coëtanfao.	1674	*P. du Roi.*	1690
Kerlech (de).	1682	*St-Cyr.*	1693
Kermel (de).	1756	*Ec. Milit.*	1765
Kermel (de).	1716	*P. du Roi.*	1734
Kermenguy (de).	1733	*P. du Roi.*	1750
La Barre (de).	1769	*P. du Roi.*	1785
La Barre du Chastelier.	1745	*P. du Roi.*	1759

NOMS.	DATE de la naiss^{ce}.	POSITION.	
La Barre du Chatelier.	1738	*P. du Roi.*	1756
La Blinaye (de).	1739	*P. du Roi.*	1755
La Boissière (de).	1706	*St-Cyr.*	1717
La Boissière Rosveguen (de).	1686	*St-Cyr.*	1797
La Bouexière (de).	1771	*Ec. Milit.*	1782
La Bourdonaie (de).	1723	*St-Cyr.*	1731
La Bourdonnais (de).	1696	*P. du Roi.*	1712
La Chevière (de).	1752	*Ec. Milit.*	1765
La Forest des Chapelles.	1693	*P. du Roi.*	1713
La Fruglaye.	1730	*P. du Roi.*	1749
La Fruglaye (de).	1779	*St-Cyr.*	1789
La Fullaie (de).	1701	*St-Cyr.*	1710
La Grandière (de).	1772	*St-Cyr.*	1782
La Haie du Sable.	1676	*P. du Roi.*	1694
La Lande (de).	1726	*St-Cyr.*	1736
La Landelle.	1727	*St-Cyr.*	1737
La Landelle (de).	1745	*St-Cyr.*	1757
La Marche (de).	1720	*P. du Roi.*	1739
Lambilli (de).	1705	*P. du Roi.*	1720
Lambilli (de).	1679	*P. du Roi.*	1695
Lambilli du Broutais.	1706	*P. du Roi.*	1721
La Moussaye (de).	1758	*P. du Roi.*	1772
Lance (de).	1754	*Ec. Milit.*	1764
Lande de Caslan.	1702	*P. du Roi.*	1720
Langan Bois Février.	1712	*P. de la Reine.*	1728
Langan Bois Février (de).	1667	*P. du Roi.*	1687
Langle (de).	1705	*P. du Roi.*	1720
Langle (de).	1755	*P. du Roi.*	1769
Langle (de).	1674	*P. du Roi.*	1691
Langlois (de).	1778	*St-Cyr.*	1787
La Noë du Rohon.	1766	*St-Cyr.*	1777
La Noue (de).	1772	*St-Cyr.*	1782
La Noue (de).	1747	*P. du Roi.*	1761
Larcher de la Touraille.	1760	*Ec. Milit.*	1769
La Rivière Saint-Germain.	1694	*P. du Roi.*	1713
La Roche de Saint-André.	1760	*Ec. Milit.*	1771
La Roche de Saint-André.	1698	*P. du Roi.*	1715
Launai Penerech (de).	1690	*St.-Cyr.*	1702
La Vigne de Dampierre.	1758	*Ec. Milit.*	1772
La Villegontier (de).	1741	*P. du Roi.*	1755

NOMS.	DATE de la naissce.	POSITION.	
La Villeon.	1764	*St-Cyr.*	1774
La Villéon de Kgeon.	1778	*St-Cyr.*	1787
La Villéon de la Villevalio.	1744	*Ec. Milit.*	1754
La Villeon de la Vieuville.	1725	*Enfant-Jésus.*	1737
Le Bihan de Pennelé.	1712	*P. du Roi.*	1729
Le Bihan de Pennélé.	1746	*P. du Roi.*	1762
Le Borgne de Kermoran.	1700	*P. du Roi.*	1718
Le Borgne de Kerusoret.	1766	*Ec. Milit.*	1774
Le Boteuc de Coessal.	1719	*P. du Roi.*	1736
Le Carruyer de Beauvais.	1769	*Ec. Milit.*	1778
Le Chauff.	1745	*St-Cyr.*	1757
Le Chauff.	1751	*Ec. Milit.*	1762
Le Clerc de Bagneux.	1740	*P. du Roi.*	1767
Le Denays de Quemadeuc.	1746	*Ec. Milit.*	1755
Le Donarain.	1751	*St-Cyr.*	1762
Le Donarin de Lemo.	1748	*P. du Roi.*	1763
Le Forestier de la Galiotaye.	1734	*P. du Roi.*	1752
Le Forestier de Laumosne.	1764	*Ec. Milit.*	1772
Le Fruglais.	1764	*Ec. Milit.*	1774
Le Gac de Lansalut.	1772	*Ec. Milit.*	1782
Legge (de).	1753	*Ec. Milit.*	1764
Le Gonidec.	1689	*St-Cyr.*	1699
Le Gonidec.	1692	*St-Cyr.*	1699
Le Gonidec de Peulan.	1764	*Ec. Milit.*	1774
Le Maître de la Garrelaie.	1696	*P. du Roi.*	1712
Le Marant.	1738	*St-Cyr.*	1745
Le Marant de Fenauvern.	1729	*St-Cyr.*	1738
Le Mavant.	1688	*St-Cyr.*	1699
Le Melorel de la Haichois.	1750	*Ec. Milit.*	1760
Le Mintier.	1742	*St Cyr.*	1751
Le Mintier.	1774	*Enfant-Jésus.*	1784
Le Mintier.	1770	*St-Cyr.*	1780
Le Mintier.	1768	*Ec. Milit.*	1771
Le Mintier du Hellec.	1701	*P. du Roi.*	1718
Le Nepveu de Carfort.	1778	*Ec. Milit.*	1786
Lenfant de Louzil.	1767	*St-Cyr.*	
Le Normand de Lourmel.	1762	*St-Cyr.*	1771
Lentivi (de).	1722	*P. du Roi.*	1738
Leny Coadolès.	1667	*P. du Roi.*	1689
Leon de Treverret.	1772	*Ec. Milit.*	1783

NOMS.	DATE de la naiss^{ce}.	POSITION.	
Le Pennec.	1682	*P. du Roi.*	1699
Le Rouge de Guerdavid.	1720	*P. du Roi.*	1740
Le Rouge de Guerdavil.	1765	*Ec. Milit.*	1774
Le Roux du Minihy.	1771	*Ec. Milit.*	1782
Le Saige de la Villesbrune.	1732	*P. du Roi.*	1749
Le Saigle de la Villesbrune.	1743	*St-Cyr.*	1753
Le Sénéchal de Carcado.	1716	*P. du Roi.*	1731
Lesguen de l'Argensais.	1711	*P. du Roi.*	1728
L'Espinac (de).	1727	*P. du Roi.*	1744
Lesquen (de).	1767	*Ec. Milit.*	1775
Lesquen (de).	1774	*St-Cyr.*	1784
Lesquen (de).	1734	*P. du Roi.*	1750
Lesquen Kermenel (de).	1705	*St-Cyr.*	1715
L'Estourbeillon (de).	1757	*P. du Roi.*	1773
Le Tresle de Kerbernard.	1742	*P. du Roi.*	1757
Le Veneur de Beauvais.	1711	*St-Cyr.*	1721
Le Veneur de la Ville Chapron.	1756	*Ec. Milit.*	1767
Le Veneur La Ville Chapron.	1711	*St-Cyr.*	1722
Le Veyer de Belair.	1759	*Ec. Milit.*	1770
Le Vicomte.	1743	*St-Cyr.*	1753
Le Vicomte de la Houssaye.	1774	*St-Cyr.*	1783
Le Vicomte de la Houssaye.	1769	*Ec. Milit.*	1780
Le Vicomte de la Villegourio.	1771	*St-Cyr.*	1780
Le Vicomte de la Villevolette.	1724	*Enfant-Jésus.*	1736
Léziard du Déserseul.	1733	*St-Cyr.*	1744
Loaisel de la Villedeneu.	1760	*Ec. Milit.*	1770
Loaisel de la Villedeneuf.	1759	*Enfant-Jésus.*	1770
Lorgeril (de).	1749	*St-Cyr.*	1760
Lorgevils (de).	1708	*P. du Roi.*	1721
Louail de la Saudraie.	1704	*St-Cyr.*	1715
Lys (de).	1766	*St-Cyr.*	1775
Marbeuf.	1668	*P. du Roi.*	1686
Marin de Montcam.	1696	*P. du Roi.*	1712
Martin de Montlige.	1731	*P. du Roi.*	1747
Matheson (de).	1742	*St-Cyr.*	1753
Mathez (de) ou de Kerunou.	1751	*Ec. Milit.*	1761
Menez Lesurec (du).	1694	*P. du Roi.*	1712
Merliers de la Longueville.	1723	*St-Cyr.*	1733
Mesaer du Hourmelin.	1719	*P. du Roi.*	1734
Meur de Kérigounam.	1732	*P. du Roi.*	174[illegible]

NOMS.	DATE de la naiss^ce.	POSITION.	
Meur de Kévigounan.	1702	*P. du Roi.*	1720
Michel du Carpon.	1698	*St-Cyr.*	1706
Monti (de).	1758	*Ec. Milit.*	1771
Monti de Rezai.	1717	*P. du Roi.*	1735
Monti Rezai (de).	1707	*P. du Roi.*	1722
Monti Rezai (de).	1702	*P. du Roi.*	1719
Mont Louis (de).	1723	*St-Cyr.*	1735
Monty (de).	1735	*P. du Roi.*	1757
Monty (de).	1724	*P. du Roi.*	1747
Monty (de).	1740	*P. du Roi.*	1760
Monty (de).	1739	*St-Cyr.*	1749
Moulin du Brossay.	1756	*P. du Roi.*	1773
Nos (des).	1758	*Ec. Milit.*	1772
Nos (des).	1747	*St-Cyr.*	1758
Nouel de la Villehulin.	1759	*Ec. Milit.*	1760
Olymond de Kernègues.	1721	*P. du Roi.*	1737
Orcisse (d').	1687	*St-Cyr.*	1794
Oudan.	1767	*Ec. Milit.*	1777
Pair (de saint).	1746	*P. du Roi.*	1761
Pair de Carlac (saint).	1754	*Ec. Milit.*	1769
Pantin de Landremont.	1765	*Ec. Milit.*	1774
Parc de la Penauguer.	1761	*Ec. Milit.*	1771
Parseau du Plessix.	1764	*Ec. Milit.*	1774
Pastour de Kerzan.	1710	*P. du Roi.*	1725
Paulain de Mauny.	1764	*Ec. Milit.*	1773
Pé de Liancé.	1703	*P. du Roi.*	1718
Pean du Pontfils.	1713	*P. du Roi.*	1729
Penfentenizo de Chefontaine.	1751	*P. du Roi.*	1765
Pepin de Belisle.	1751	*Ec. Milit.*	1761
Pepin de Belisle.	1754	*St-Cyr.*	1764
Pérenno de Penvern.	1723	*P. du Roi.*	1739
Pern (de saint).	1756	*P. du Roi.*	1772
Pern (de saint).	1770	*P. de la Reine*	1785
Pern de Ligoyer (saint).	1789	*P. du Roi.*	1704
Pezran (de saint).	1774	*Ec. Milit.*	1784
Piern Ligoyer de la Tour (saint).	1716	*St-Cyr.*	1726
Pin de Montmea.	1755	*St-Cyr.*	1765
Pinard de Cadoalan.	1699	*P. du Roi.*	1715
Pinart de Ville Auvrais.	1687	*St-Cyr.*	1697
Pioger de Saint-Perren.	1754	*Ec. Milit.*	1765

NOMS.	DATE de la naissce.	POSITION.	
Plessis d'Argentré.	1687	*St-Cyr.*	1697
Plessis d'Argentré.	1686	*P. du Roi.*	1702
Plessis d'Argentré.	1707	*St-Cyr.*	1717
Plessis d'Argentré.	1708	*P. du Roi.*	1726
Plessis d'Argentré.	1761	*Ec. Milit.*	1769
Plessis d'Argentré.	1749	*St-Cyr.*	1760
Plessis de Grenedan.	1763	*Ec. Milit.*	1772
Plessis seigneur d'Argentré.	1672	*P. du Roi.*	1689
Pluvié de Ménéhoüarn.	1726	*P. du Roi.*	1741
Pluvié de Ménéhouarn.	1723	*P. du Roi.*	1739
Pontavice de Renardière.	1764	*Ec. Milit.*	1772
Poulain de Mauny.	1771	*St-Cyr.*	1780
Poulpiquet de Kermen.	1711	*P. du Roi.*	1727
Pzoisy (de).	1764	*St-Cyr.*	1773
Quelen (de).	1729	*P. du Roi.*	1745
Quelen (de).	1723	*St-Cyr.*	1735
Quemper de Lanascol.	1697	*P. du Roi.*	1715
Quengo de Tonquedec.	1774	*St-Cyr.*	1783
Quengo de Tonquedec.	1771	*Ec. Milit.*	1781
Quivistre de Bavalan.	1722	*P. du Roi.*	1738
Reuays de la Sauvagerie.	1765	*Ec. Milit.*	1777
Robinault.	1756	*P. du Roi.*	1776
Robinault du Boisbayet.	1738	*St-Cyr.*	1745
Robinault de Saint-Rejan.	1769	*Ec. Milit.*	1779
Robuste (de).	1741	*St-Cyr.*	1753
Rocher du Pargat.	1770	*Ec. Milit.*	1781
Rogon de Carcaradec.	1713	*P. du Roi.*	1729
Rolland de Rengervé.	1761	*Ec. Milit.*	1771
Rosnyvinen (de).	1734	*St-Cyr.*	1745
Roüexic de Pinieu.	1685	*P. du Roi.*	1701
Rouge de Guerdavid.	1748	*P. du Roi.*	1748
Rouge de Querdavid	1727	*P. du Roi.*	1746
Ruis (de).	1703	*St-Cyr.*	1715
Salaun.	1766	*P. du Roi.*	1779
Salaun de Kéronnes.	1725	*P. du Roi.*	1743
Salaun de Kéronnes.	1726	*P. du Roi.*	1743
Sécillon de Villeneuve.	1725	*P. du Roi.*	1742
Servande de la Villecerf.	1765	*P. du Roi.*	1780
Servande (de).	1711	*P. du Roi.*	1729
Sesmaisons (de).	1751	*P. du Roi.*	1765

NOMS.	DATE de la naiss^ce.	POSITION.	
Sesmaisons la Sauzinière (de).	1709	*P. du Roi.*	1725
Siochan de Kersabiec.	1763	*Ec. Milit.*	1773
Sol de Grisolles.	1760	*St-Cyr.*	
Talhouet de Séverac.	1713	*St-Cyr.*	1734
Tanouarn (de).	1758	*Enfant-Jésus.*	1767
Tiébault de Boisgnorel.	1713	*St-Cyr.*	1720
Toustain de Richebourg.	1775	*St-Cyr.*	1784
Tranchant du Tret.	1745	*St-Cyr.*	1752
Treinereuc (de).	1746	*St-Cyr.*	1757
Tremereuc (de).	1763	*P. du Roi.*	1778
Trémignon (de).	1736	*St-Cyr.*	1746
Tréourret (de).	1745	*P. du Roi.*	1764
Trepezec (de).	1755	*Ec. Milit.*	1770
Trévou de Brésillac.	1672	*P. du Roi.*	1689
Troérin de Kerzan.	1728	*P. du Roi.*	1744
Trolong (de).	1769	*Ec. Milit.*	1779
Trolong du Halgoat.	1772	*St-Cyr.*	1782
Tuffin de Ducy.	1760	*P. du Roi.*	1776
Tuffin de la Roirie.	1725	*P. du Roi.*	1741
Tuffin de la Roirie.	1689	*P. du Roi.*	1704
Tuffin de la Roirie de Villiers.	1746	*P. du Roi.*	1744
Urvoi de Saint-Bedan.	1725	*St-Cyr.*	1736
Urvoy de Saint-Bédan.	1720	*P. du Roi.*	1737
Valleaux (de).	1786	*St-Cyr.*	1797
Varennes (de).	1739	*Ec. Milit.*	1754
Vauborel de la Chapelle.	1709	*P. du Roi.*	1723
Vergier de Kerkorlay.	1748	*Ec. Milit.*	1760
Vergier du Poux de Méneguen.	1710	*P. du Roi.*	1727
Visdelou de Bienassis.	1680	*P. du Roi.*	1694
Visdelou de Bonamour.	1719	*St-Cyr.*	1731
Visdelou du Liscoüet.	1768	*Ec. Milit.*	1778
Visdelou de Saint-Querveu.	1711	*P. du Roi.*	1729
Visdelou de la Villethéard.	1707	*P. du Roi.*	1724
Volivier Locrist.	1670	*P. du Roi.*	1688

Melun. — Imprimerie de Desrues.

PROVINCES

DES

DEUX FLANDRES ET PICARDIE.

DEUX FLANDRES.

NORD. — PAS-DE-CALAIS.

NOMS.	DATE de la naissce.	POSITION.	
Ansart.	1762	*Ec. Milit.*	1770
Biodos de Casteja (de).	1704	*St-Cyr.*	1712
Blondel de Beauregard (de).	1751	*Ec. Milit.*	1762
Blondel-Drouhot de Fechain.	1721	*P. de la Reine.*	1737
Boitouzet d'Ormenans (de).	1760	*St-Cyr.*	1769
Boudens Vander Bourg.	1765	*Ec. Milit.*	1774
Bournel.	1666	*P. du Roi.*	1683
Buisson (du).	1688	*St-Cyr.*	1700
Caboche du Fossé (de).	1730	*St-Cyr.*	1741
Campagne (de).	1683	*St-Cyr.*	1691
Chaillot (de).	1754	*P. du Roi.*	17
Clarke.	1765	*Ec. Milit.*	1774
Colins de Quieverchin (de).	1739	*St-Cyr.*	1751
Coudenhove (de).	1766	*Ec. Milit.*	1777
Donhaut d'Aunai (de).	1704	*Ec. Milit.*	1715
Fleuri donne Marie (de).	1682	*St-Cyr.*	1694
Frohard de La Mette (de).	1756	*Ec. Milit.*	1767
Hagnin (de).	1750	*Ec. Milit.*	1761
Ideghem de Watou (d').	1696	*St-Cyr.*	1704
Isarn de Villefort (d').	1698	*St-Cyr.*	1707
La Viefville (de).	1718	*P. du Roi.*	1734
Le Marchant-Charmont.	1680	*St-Cyr.*	1687
Le Normand de Lourmel.	1761	*Ec. Milit.*	1769
Le Roi de Ville.	1750	*P. du Roi.*	1765

NOMS.	DATE de la naissce.	POSITION.	
Maulde (de).		*Enfant-Jésus.*	
Maulde (de).	1771	*Enfant-Jésus.*	1780
Melun de Cotènes.	1674	*P. du Roi.*	1690
Moreton de Chabrillan.	1747	*St-Cyr.*	1757
Ostrel de Flers (d').	1695	*P. du Roi.*	1714
Renty (de).	1703	*St-Cyr.*	1714
Roisin (de).	1695	*St-Cyr.*	1707
Roisin de Rongi.	1696	*Collége Mazarin.*	1708
Roisin de Rongi (de).	1695	*St-Cyr.*	1707
Roussel d'Herli.	1702	*St-Cyr.*	1714
Tertre (du).	1731	*St-Cyr.*	1740
Van Dam d'Audegnies.	1677	*St-Cyr.*	1686
Van Dam d'Audegnies.	1674	*St-Cyr.*	1686
Van Dam d'Audégniès.	1711	*St-Cyr.*	1722
Veron de Farincourt.		*R. Chevalier d'honn. au Siége présidial de Langres.*	1731
Villavicencio de Castries (de).	1780	*Ec. Milit.*	1788
Villecot (de).	1779	*St-Cyr.*	1788
Vollant de Berville.	1747	*St-Cyr.*	1759
Wasservas (de).	1754	*Ec. Milit.*	1769
Wicquet de L'Enclos (du).	1750	*Ec. Milit.*	1760

PICARDIE.

SOMME. — OISE. — AISNE.

NOMS.	DATE de la naissce.	POSITION.	
Abancourt (d').	1672	*St-Cyr.*	1686
Aboval de Bacouël (d').	1750	*Ec. Milit.*	1762
Aboval de Bacouël (d').	1750	*Ec. Milit.*	1762
Abonde de Vulaine (d').	1700	*St-Cyr.*	1709
Absolu de la Gastine.	1746	*Ec. Milit.*	1756
Absolu de La Gastine.	1751	*Ec. Milit.*	1760
Acary de Beaucoroy.	1748	*Ec. Milit.*	1760
Acary de La Rivière.	1742	*St-Cyr.*	1753
Acary de La Suze.	1744	*Ec. Milit.*	1753
Acary de La Suze.	1744	*Ec. Milit.*	1753
Acheux (d').	1767	*Ec. Milit.*	1778
Aigneville-Millencourt (d').	1714	*St-Cyr.*	1723
Ainval de Brache (d').	1710	*P. du Roi.*	1730

NOMS.	DATE de la naiss^ce.	POSITION.	
Ainvil (d').	1747	*Ec. Milit.*	1756
Alexandre de Hanache.	1702	*St-Cyr.*	1711
Alexandre de Hanaches.	1739	*P. du Roi.*	1753
Alonville (d').	1737	*P. du Roi.*	1752
Anglebemer de Lagni (d').	1677	*St-Cyr.*	1686
Anglebemer de Lagni (d').	1674	*St-Cyr.*	1686
Anglos (d').	1692	*St-Cyr.*	1702
Aubé de Bracquemont.	1777	*Ec. Milit.*	1786
Aubourg (d').	1714	*St-Cyr.*	1722
Aumale (d').	1683	*St-Cyr.*	1690
Aumale (d').	1717	*St-Cyr.*	1727
Aumale d'Ivrencheux (d').	1717	*St-Cyr.*	1724
Aumale du Mont-Notre-Dame (d')	1720	*St-Cyr.*	1729
Aumale du Mont-Notre-Dame (d')	1703	*St-Cyr.*	1724
Aumalle (d').	1673	*St-Cyr.*	1686
Averton (d').	1755	*Ec. Milit.*	1765
Averton (d').	1762	*Ec. Milit.*	1770
Azincourt (d').	1682	*St-Cyr.*	1693
Bachelier d'Outreville (de).	1703	*St-Cyr.*	1713
Baillet de Vaugrenaut.	1759	*Ec. Milit.*	1767
Bainast (de).	1767	*P. du Roi.*	1780
Bainast de Septfontaines (de).	1714	*St-Cyr.*	1725
Barandier-Montmayeur (de).	1761	*Ec. Milit.*	1770
Bédorède-Montaulieu (de).	1714	*St-Cyr.*	1724
Belleforière (de).	1672	*P. du Roi.*	1691
Belloi de Pont de Metz (de).	1695	*St-Cyr.*	1702
Bello Morangle (de).	1709	*St-Cyr.*	1712
Belloy (de).	1749	*Ec. Milit.*	1760
Bernes (de).	1767	*Ec. Milit.*	1776
Bernes (de).	1740	*St-Cyr.*	1752
Bernes (de).	1711	*St-Cyr.*	1722
Bernes de Longvilliers (de).	1762	*St-Cyr.*	1773
Bernets du Bout du Bois (de).	1678	*St-Cyr.*	1686
Bertin de Saint-Maurice (de).	1758	*Ec. Milit.*	1768
Bertoul de Hautecloque (de).	1699	*St-Cyr.*	1711
Bertrandy (de).	1766	*St-Cyr.*	1777
Biaudos de Castelja (de).	1672	*St-Cyr.*	1686
Birague (de).	1756	*Ec. Milit.*	1770
Blaisel d'Olinctun (du).	1723	*St-Cyr.*	1733
Blimont (de saint).	1684	*P. du Roi.*	1699

NOMS.	DATE de la naiss^{ce}.	POSITION.	
Blondel-Joigni de Bellebrune.	1721	*P. du Roi.*	1734
Bodart de Buire (de).	1774	*St-Cyr.*	1783
Bois de Hoves (du).	1717	*St-Cyr.*	1727
Bosquillon.	1771	*Hopit. Montdidier.*	1781
Bosquillon de Frescheville.	1747	*Ec. Milit.*	1756
Boubers (de).	1770	*St-Cyr.*	1779
Boubers de Bernatre (de).	1745	*Ec. Milit.*	1756
Boubers-Melicoc-Vaugenlieu.	1688	*St-Cyr.*	1695
Bouchard de Ravenel.	1700	*St-Cyr.*	1712
Boucher d'Orsai de Marolles.	1694	*St-Cyr.*	1703
Bouju de Fonteni (de).	1693	*St-Cyr.*	1700
Boulainviliers-Feuqueroles.	1684	*St-Cyr.*	1695
Bourdin de Monssures.	1717	*St-Cyr.*	1729
Boufflers (de).	1675	*St-Cyr.*	1686
Boufflers de Guigi.	1676	*St-Cyr.*	1686
Boufflers de Kamiencourt (de).	1679	*St-Cyr.*	1687
Bourgogne (de).	1774	*P. du Roi.*	1789
Bresdoul d'Authier (de).	1699	*St-Cyr.*	1710
Bresset-Hiermont (de).	1709	*St-Cyr.*	1720
Bretel-d'Hiermont (de).	1753	*Ec. Milit.*	1764
Briois (de).	1757	*Ec. Milit.*	1772
Buci (de).	1691	*St-Cyr.*	1700
Buigni-Cornechotte (de).	1705	*P. du Roi.*	1722
Buigni-Cournehotte (de).	1703	*P. du Roi.*	1720
Bus de Wailli (du).	1703	*St-Cyr.*	1715
Buisseret (de).	1729	*P. du Roi.*	1744
Buisseret (de).	1703	*P. du Roi.*	1718
Caboche de Latval (de).	1676	*St-Cyr.*	1686
Cacheleu (de).	1756	*Ec. Milit.*	1766
Cacheleu de Bouillencourt.	1712	*St-Cyr.*	1724
Cacheleu de Bouillencourt (de).	1714	*P. du Roi.*	1731
Calonne-Courtebonne (de).	1720	*P. du Roi.*	1737
Calonne-Courtebonne (de).	1721	*P. du Roi.*	1738
Calonne d'Avesne (de).	1694	*St-Cyr.*	1701
Calonne d'Avesne (de).	1758	*Ec. Milit.*	1772
Cannesson des Mortiers (de).	1701	*St-Cyr.*	1711
Carondelet (de).	1758	*Enfant-Jésus.*	
Carondelet (de).	1750	*St-Cyr.*	1760
Carondelet (de).	1774	*St-Cyr.*	1784
Carondelet de Patelles (de).	1758	*St-Cyr.*	1767

NOMS.	DATE de la naissce.	POSITION.	
Carpentin de Bertheville.	1736	*St-Cyr.*	1746
Carpentin de Berteville (de).	1743	*Ec. Milit.*	1754
Carpentin d'Elcourt.	1693	*St-Cyr.*	1706
Carvoisin (de).	1732	*St-Cyr.*	
Carvoisin d'Honnecourt (de).	1756	*Ec. Milit.*	1770
Caulincourt (de).	1729	*P. du Roi.*	1746
Cerf de Flamartinghen (du).	1691	*P. du Roi.*	1707
Chabot.	1681	*P. du Roi.*	1695
Chabot.	1685	*St-Cyr.*	1695
Clermet de La Mairie (de).	1732	*St-Cyr.*	1743
Colins (de).	1777	*P. du Roi.*	1788
Collemont (de).	1682	*P. du Roi.*	1699
Colnet du Ravet (de).	1760	*Ec. Milit.*	1769
Conti d'Argicourt (de).	1695	*St-Cyr.*	1703
Corbie (de).	1699	*St-Cyr.*	1711
Cosne (de).	1735	*St-Cyr.*	1743
Cossette de Beaucourt (de).	1728	*P. du Roi.*	1744
Coupigni (de).	1705	*St-Cyr.*	1716
Courtils de Mestemont (des).	1747	*P. du Roi.*	1760
Crendalle (de).	1774	*P. du Roi.*	1789
Crendalle de Chambreuil (de).	1777	*Ec. Milit.*	
Créqui (de).	1686	*St-Cyr.*	1694
Créqui-Stémont.	1705	*P. du Roi.*	1720
Dampierre (de).	1770	*St-Cyr.*	1780
Danzel de Boffle.	1765	*Ec. Milit.*	1773
Danzel de Boismont.	1751	*Ec. Milit.*	1762
Danzet de Bofles.	1721	*St-Cyr.*	1732
Dauchel.	1752	*P. du Roi.*	1766
Dodieu de La Borde Veli.	1679	*St-Cyr.*	1686
Droullin de Say (de).	1757	*P. du Roi.*	1773
Durand de La Mairie (de).	1676	*St-Cyr.*	1686
Escayeül-Hocquinqsen (d').	1708	*St-Cyr.*	1720
Esquincour de Follempvise (d').	1696	*St-Cyr.*	1708
Essars de Saint-Aubin (des).	1743	*Ec. Milit.*	1753
Essars Limières (des).	1682	*P. du Roi.*	1700
Essars-Linières (des).	1717	*P. du Roi.*	1732
Essarts de Linières.	1707	*P. du Roi.*	1721
Fay d'Attsies (de).	1746	*Ec. Milit.*	1755
Fiennes de La Planche (de).	1757	*Ec. Milit.*	1768
Fiennes de Lumbres (de).	1669	*P. du Roi.*	1686

NOMS.	DATE de la naiss^ce.	POSITION.	
Flabaut de La Billardemi (de).	1724	*P. du Roi.*	1743
Flavigni-Ernaussart.	1689	*St-Cyr.*	1700
Flechin de Wamin (de).	1714	*P. du Roi.*	1732
Fontaine (de).	1695	*St-Cyr.*	1718
Fontaine-Remburelles de Boccasselin	1703	*St-Cyr.*	1705
Fontaines La Neuville (de).	1726	*St-Cyr.*	1736
Fontaines-Remburelles (de).	1696	*St-Cyr.*	1705
Forceville (de).	1760	*P. du Roi.*	1774
Forceville (de).	1704	*St-Cyr.*	1714
Forceville (de).	1748	*P. du Roi.*	1764
Forceville-Merlimont (de).	1706	*St-Cyr.*	1714
Forceville Seigneur de Forceville.	1685	*St-Cyr.*	1695
Forcewille (de).	1704	*P. du Roi.*	1721
Forges de Caulières (des).	1749	*Ec. Milit.*	1760
Formé de Framicourt.	1692	*St-Cyr.*	1703
Fossés de Villeneuve (des).	1764	*Ec. Milit.*	1774
Foucault (de).	1774	*St-Cyr.*	1784
Foucault (de).	1757	*Ec. Milit.*	1767
Fouchais de La Faucherie (de).	1755	*Ec. Milit.*	1766
Foyal (de).	1736	*St-Cyr.*	1748
Framery (de).	1760	*Ec. Milit.*	1769
Franssures (de).	1719	*St-Cyr.*	1728
Franssures (de).	1686	*St-Cyr.*	1692
Franssures (de).	1763	*St-Cyr.*	1775
Fresnoye (de).	1744	*Ec. Milit.*	1756
Fresnoye (de).	1747	*St-Cyr.*	1758
Gaillard de Remburelles.	1676	*St-Cyr.*	1687
Garges (de).	1685	*St-Cyr.*	1694
Garges de Norroi (de).	1679	*St-Cyr.*	1686
Gaudechart.	1684	*St-Cyr.*	1695
Gaudechart (de).	1761	*Ec. Milit.*	1770
Genevières (de).	1769	*P. du Roi.*	1784
Gombaud d'Auteuil.	1694	*St-Cyr.*	1703
Gomer de Quevauviliers (de).	1677	*St-Cyr.*	1686
Goui d'Arci.	1686	*St-Cyr.*	1697
Goussencourt (de).	1753	*Ec. Milit.*	1764
Goussencourt (de).	1741	*P. du Roi.*	1756
Grainbert de Belleau (de).	1680	*P. du Roi.*	1694
Groseillers d'Hervelai (des).			
Guedeville de Morainval (de).	1752	*Ec. Milit.*	1762

NOMS.	DATE de la naissce.	POSITION.	
Guenly de Rumigny (de).	1761	*P. de la Reine.*	1776
Gueuluy de Rumigni (de).	1732	*St-Cyr.*	1742
Guillaume de Marsangi.	1713	*P. du Roi.*	1728
Guillebon (de).	1759	*St-Cyr.*	1770
Guillebon (de).	1690	*St-Cyr.*	1702
Guillebon-Waveguies (de).	1700	*St-Cyr.*	1708
Guiri (de).	1677	*St-Cyr.*	1687
Guiselin de Tateville (de).	1761	*Ec. Milit.*	1771
Guistelle (de).	1684	*St-Cyr.*	1694
Guizelin (de).	1766	*P. du Roi.*	1781
Guizelin (de).	1764	*P. du Roi.*	1779
Guizelin (de).	1761	*P. du Roi.*	1780
Hainin-Cerfontaine (de).	1704	*St-Cyr.*	1704
Hallot (de).	1690	*St-Cyr.*	1690
Haly de La Thomasserie.	1779	*St-Cyr.*	1789
Hamel de Canchi (du).	1704	*St-Cyr.*	1715
Hamel de Canchy (du).	1766	*Ec. Milit.*	1775
Hamel de Canchy (du).	1764	*St-Cyr.*	
Hannique d'Erquelinghen.	1700	*St-Cyr.*	1708
Hardivilliers (d').	1763	*Ec. Milit.*	1772
Haucourt (d').	1765	*St-Cyr.*	1776
Haudoire d'Aigreville (de).	1711	*St-Cyr.*	1719
Haudoire de La Prée (de).	1716	*St-Cyr.*	1723
Hénault (de).	1699	*St-Cyr.*	1710
Hennault (de).	1752	*St-Cyr.*	1762
Hervilli (d').	1681	*P. du Roi.*	1696
Hervilli (d').	1690	*P. du Roi.*	1707
Hervilli de Devise de Canisi (d').	1683	*P. du Roi.*	1683
Houdetot (de).	1765	*P. du Roi.*	1733
Houcourt de Laudigeois (d').	1765	*St-Cyr.*	1773
Houssoie de Neuvillette (de).	1705	*Ec. Milit.*	1774
Ipre (d').	1740	*P. du Roi.*	1753
Jouenne (de).	1754	*St-Cyr.*	1766
La Barre d'Arbouville.	1677	*St-Cyr.*	1687
La Barre de Martigni (de).	1694	*St-Cyr.*	1702
La Chaussée (de).	1753	*St-Cyr.*	1769
La Chaussée (de).	1755	*P. du Roi.*	1766
La Folie de La Motte (de).	1746	*St-Cyr.*	1758
La Grange des Meurs (de).	1705	*St-Cyr.*	1713
La Gréné de La Motte (de).	1693	*St-Cyr.*	1702

NOMS.	DATE de la naiss^ce.	POSITION.	
La Houssoye de Mezicourt (de).	1771	*St-Cyr.*	1780
Lancri (de).	1687	*St-Cyr.*	1695
Lancri de Rimberlieu (de).	1723	*P. du Roi.*	1740
Landas-Mortagne (de).	1714	*P. du Roi.*	1731
Landas-Mortagne (de).	1709	*St-Cyr.*	1721
Landas-Mortagne (de).	1714	*P. du Roi.*	1731
Landas-Mortagne (de).	1709	*St-Cyr.*	1721
Lannoi-Fertin (de).	1694	*P. du Roi.*	1713
Lannoy (de).	1768	*P. du Roi.*	1782
La Pasture (de).	1749	*Ec. Milit.*	1760
La Ruë (de).	1678	*St-Cyr.*	1688
La Ruë de Gournai.	1679	*St-Cyr.*	1688
La Rue d'Hericourt (de).	1746	*Ec. Milit.*	1756
La Rocque de Monsegret (de).	1758	*P. du Roi.*	1774
Lauretan (de).	1745	*Ec. Milit.*	1753
La Viefville (de).	1714	*P. du Roi.*	1730
La Vieuville (de).	1677	*St-Cyr.*	1687
La Vieuville de Rouviller (de).	1679	*St-Cyr.*	1687
La Villeneuve (de).	1732	*P. du Roi.*	1748
La Villeneuve (de .	1707	*P. du Roi.*	1724
La Ville Neuve (de).	1704	*P. du Roi.*	1721
Law de Lauriston.	1770	*Ec. Milit.*	1782
Le Carlier d'Herleye.	1740	*P. du Roi.*	1755
Le Cat de Bazancourt.	1767	*Ec. Milit.*	1775
Le Charron.	1754	*Ec. Milit.*	1764
Le Clerc de Bussi.	1716	*P. du Roi.*	1733
Le Coq du Humbeck de Diéval.	1686	*P. du Roi.*	1703
Le Ducq d'Eth.	1770	*Ec. Milit.*	1780
Le Marchand de Charmont.	1745	*Ec. Milit.*	1755
Lens de Ligues-Récourt (de).	1705	*P. du Roi.*	1722
Le Prévost de Franlieu.	1702	*St-Cyr.*	1713
Le Ricque de Rocourt.	1780	*Ec. Milit.*	1788
Le Roi de Bardes.	1772	*P. du Roi.*	1789
Le Roi de Limeux.	1750	*Ec. Milit.*	1750
Le Roy d'Antecourt.	1779	*Ec. Milit.*	1787
Le Roi de Grauval.	1741	*Ec. Milit.*	1753
Le Sart de Prémont de Veilles.	1721	*P. du Roi.*	1737
L'Estandart de Saint-Léger.	1717	*P. du Roi.*	1731
L'Estendart d'Angerville.	1682	*P. du Roi.*	1699
L'Estendart d'Angerville.	1681	*P. du Roi.*	1699

NOMS.	DATE de la naiss^ce.	POSITION.	
Macquerel de Quemi.	1668	*P. du Roi.*	1682
Mai de Vieulaines (de).	1710	*St-Cyr.*	1718
Mailly de Haucourt.	1677	*P. du Roi.*	1694
Maintenant de Rochefort.	1672	*St-Cyr.*	1686
Maintenant de Rochefort.	1671	*St-Cyr.*	1686
Maniquet de Pelafort (de).	1717	*St-Cyr.*	1727
Mannai de Camps (de).	1708	*St-Cyr.*	1716
Maquerel de Quemi.	1721	*P. du Roi.*	1738
Maquerel de Quémi de Vaincourt.	1717	*P. du Roi.*	1732
Maretz de Beauzains (des).	1758	*Ec. Milit.*	1772
Maulai de La Louere (de).	1708	*St-Cyr.*	1718
May (de).	1751	*St-Cyr.*	1762
May d'Aunay (de).	1752	*Ec. Milit.*	1762
Mazis (des).	1754	*Ec. Milit.*	1765
Méaussé de La Rainville (de).	1755	*Ec. Milit.*	1769
Mesnil (du).	1742	*St-Cyr.*	1751
Milli (de).	1675	*St-Cyr.*	1686
Monchi (de).	1679	*St-Cyr.*	1686
Monchi de Vimes.	1662	*P. du Roi.*	1679
Monchi de Vimes (de).	1678	*St-Cyr.*	1687
Monet de La Marque (de).	1770	*St-Cyr.*	
Moussures (de).	1724	*P. du Roi.*	1724
Monssures d'Auvilliers (de).	1694	*P. du Roi.*	1709
Monssures de Forceville (de).	1724	*St-Cyr.*	1734
Monsures de Graval (de)	1697	*St-Cyr.*	1707
Montewis de La Cour (de).	1707	*St-Cyr.*	1715
Montigni (de).	1730	*St-Cyr.*	1738
Mouchet de Vauzelle.	1707	*St-Cyr.*	1716
Musnier de la Converserie (de).	1756	*Ec. Milit.*	1766
Mussey (de).	1761	*P. du Roi.*	1779
Noyelle (de).	1763	*Ec. Milit.*	1772
Offai (d')	1680	*St-Cyr.*	1687
Offai (d').	1674	*St-Cyr.*	1687
Offai de Rieux (d').	1723	*St-Cyr.*	1734
Ofai de Rieux (d').	1715	*St-Cyr.*	1727
Orillac de Métrai (d').	1715	*St-Cyr.*	1725
Ostrel de Flers (d').	1701	*St-Cyr.*	1710
Ostrel de Lière.	1672	*P. du Roi.*	1689
Ozillac (d').	1713	*St-Cyr.*	1722
Painast de Pommeras.	1675	*St-Cyr.*	1687

NOMS.	DATE de la naiss^{ce}.	POSITION.	
Partenai d'Anival.	1693	*St-Cyr.*	1701
Pasquier de Franclieu.	1740	*St-Cyr.*	1750
Patras de Champaigno (de).	1761	*St-Cyr.*	1771
Patras de Champaigno (de .	1760	*Ec. Milit.*	1770
Pelle de Lozinghem (de).	1730	*St-Cyr.*	1741
Perier (saint).	1699	*St-Cyr.*	1706
Perthuis (de).	1743	*P. du Roi*	1658
Petet.	1749	*P. du Roi.*	1766
Picheleu (de).	1700	*St-Cyr.*	1711
Pinquet de Tagni.	1705	*P. du Roi.*	1722
Plermetz La Couture.	1685	*St-Cyr.*	1695
Pluviers (de).	1675	*St-Cyr.*	1687
Pujol (de).	1698	*St Cyr.*	1708
Puy d'Angre (du).	1695	*St-Cyr.*	1706
Rangueil de Popincourt (de).	1757	*Ec. Milit.*	1768
Raulin de Belval (de).	1751	*Ec. Milit.*	1762
Riencour (de).	1724	*St-Cyr.*	1736
Riencourt-Andechi.	1696	*St-Cyr.*	1707
Riencourt d'Andéchi (de).	1724	*St Cyr.*	1732
Riencourt-Linières (de).	1708	*St-Cyr.*	1715
Riencourt-Tilloloi.	1687	*St-Cyr.*	1695
Riez de Villerval (du).	1696	*P. du Roi.*	1713
Robec de Palieves.	1652	*P. du Roi.*	1668
Roch de Liquese.	1666	*P. du Roi.*	1681
Roi de Valenglart.	1703	*P. du Roi.*	1719
Roquigny (de).	1746	*P. du Roi.*	1761
Roquigny du Faïel (de).	1666	*P. du Roi.*	1684
Rose de Bois Benard (de).	1686	*St-Cyr.*	1697
Rougeat (de).	1778	*Ec. Milit.*	1787
Roussel de Pernes (de).	1732	*P. du Roi.*	1746
Roussel de Pernes (de).	1729	*P. du Roi.*	1743
Roussel de Préville (de).	1731	*St-Cyr.*	1743
Roux de Sigi de Godigni (du).	1696	*St-Cyr.*	1703
Runes (de).	1695	*St-Cyr.*	1704
Runes de Warsi (de).	1698	*St-Cyr.*	1710
Saiseval de Feuguieves (de).	1715	*P. du Roi.*	1732
Saisseval (de).	1687	*St-Cyr.*	1698
Sarcus de Courcelles.	1697	*St-Cyr.*	1704
Sarcus-Moyencourt (de).	1725	*P. du Roi.*	1738
Sariac (de).	1715	*St-Cyr.*	

NOMS.	DATE de la naissce.	POSITION.	
Sars (de).	1766	*Ec. Milit.*	1777
Séguier de Courtieux.	1723	*St-Cyr.*	1734
Seguier de Saint-Cir.	1694	*St-Cyr.*	1703
Seve.	1670	*P. du Roi.*	1685
Sion de Colagni.	1712	*St-Cyr.*	1720
Taffin (de).	1766	*St-Cyr.*	1778
Tay de Vis (de).	1729	*St-Cyr.*	1741
Tertre de La Marcq (du).	1752	*Ec. Milit.*	1763
Tertre (du).	1741	*St-Cyr.*	1753
Tertre (du).	1736	*St-Cyr.*	1745
Tertre (du).	1703	*St-Cyr.*	1715
Tertre (du).	1769	*St-Cyr.*	1777
Tertre (du).	1735	*P. du Roi.*	1750
Tertre (du).	1754	*St-Cyr.*	1764
Testu de Cuvi (du).	1681	*St-Cyr.*	1693
Texier de Hautefeuille.	1738	*P. du Roi.*	1753
Texier de Hautefeuille.	1738	*P. du Roi.*	1747
Tiercelin de Brosses.	1691	*St-Cyr.*	1701
Toustain de Corenci.	1678	*P. du Roi.*	1695
Transsure de Villers (de).	1764	*Ec. Milit.*	1774
Tutel de Guemy (de).	1769	*P. du Roi.*	1783
Tutil de Guemy (de).	1766	*Ec. Milit.*	1774
Vaillant de Villers.		*P. du Roi.*	1759
Vallans (de).	1735	*P. de la Dauphine.*	1771
Vassart (de).	1748	*P. de la Dauphine.*	1762
Vathaire de Guerchy (de).	1756	*Ec. Milit.*	1767
Venaut de Famechon.	1720	*Collége Mazarin.*	1733
Vendeuil d'Assonvillers (de).	1692	*St-Cyr.*	1704
Vendeuil d'Etelfai.	1682	*St-Cyr.*	1694
Ver de Caux.	1704	*P. du Roi.*	1721
Verni (de).	1707	*St-Cyr.*	1715
Villelongue (de).	1774	*St-Cyr.*	1784
Villepoix (de).	1699	*St-Cyr.*	1709
Villers du Tertre (de).	1725	*Enfant-Jésus.*	1737
Vitasse.	1748	*St-Cyr.*	1760
Vitri (de).	1685	*P. du Roi.*	1704
Vitry de Matfiance (de).	1763	*P. du Roi.*	1763
Voisins (de).	1756	*Ec. Milit.*	1766
Vollant de Berville.	1745	*Ec. Milit.*	1755
Vollant de Berville.	1743	*St-Cyr.*	1754

NOMS.	DATE de la naiss^ce.	POSITION.	
Vossei.	1710	*Collége Mazarin.*	1720
Vossei (de).	1716	*St-Cyr.*	1727
Waimel du Parc.	1716	*Collége Mazarin.*	1726
Wasservas (de).	1761	*St-Cyr.*	1773
Wasservas de Marche (de).	1710	*Collége Mazarin.*	1724
Wicquet de L'Enclos (du).	1730	*St-Cyr.*	1741
Wicquet de Sonerois (du).	1754	*St-Cyr.*	1764
Wiquet de Saint-Martin (du).	1712	*St-Cyr.*	1724
Witasse.	1755	*St-Cyr.*	1766
Witasse (de).	1770	*P. du Roi.*	1786
Witasse de Vermandovilliers (de).	1751	*Ec. Milit.*	1762
Witasse de Vernandovilliers.	1730	*St-Cyr.*	1741
Y de Résigny (d').	1760	*Enfant-Jésus.*	1771
Y d'Espinois (de).	1745	*Ec. Milit.*	1756
Y d'Espinoy (d').	1740	*St-Cyr.*	1751

Melun. — Imprimerie de Desrues.

PROVINCES

DE

GUYENNE, GASCOGNE ET QUERCY.

GUYENNE ET GASCOGNE.

GERS. — GIRONDE. — LANDES. — LOT-ET-GARONNE.

NOMS.	DATE de la naiss^ce.	POSITION.	
Abillon de Savignac (d').	1696	*St-Cyr.*	1707
Abzac de La Grèze (d').	1755	*St-Cyr.*	1766
Angiroux.	1733	*P. du Roi.*	1750
Antin Saint-Pé (d').	1688	*St-Cyr.*	1695
Antin de Saint-Pée (d').	1688	*St-Cyr.*	1698
Apremont d'Orthes (d').	1723	*P. du Roi.*	1737
Artigues (d').	1775	*St-Cyr.*	1784
Artigues (d').	1747	*St-Cyr.*	1759
Artigues d'Ossaux (d').	1751	*Ec. Milit.*	1762
Auber de Pierrelongue (d').	1746	*P. du Roi.*	1762
Audebart de Ferrussac (d').	1745	*Ec. Milit.*	1754
Aulé de L'Ardaillau (d').	1684	*P. du Roi.*	1702
Aulède de Pardaillan (d').	1716	*P. du Roi.*	1731
Aulède (d').	1747	*P. du Roi.*	1763
Baillet de La Brousse.	1738	*P. du Roi.*	1753
Barentin (de).	1753	*Ec. Milit.*	1765
Barentin de Minières.	1715	*St-Cyr.*	1726
Baritault (de).	1780	*St-Cyr.*	1790
Baritault (de).	1780	*St-Cyr.*	1790
Baritault (de).	1771	*Ec. Milit.*	1783
Baron de Sanssot.	1748	*St-Cyr.*	1760
Barry (du).	1742	*Ec. Milit.*	1754
Batz (de).	1740	*St-Cyr.*	1751
Baulat (de).	1767	*Ec. Milit.*	1777

NOMS.	DATE de la naiss^ce.	POSITION.	
Baulat (de).	1767	*Ec. Milit.*	1777
Bazon (de).	1734	*P. du Roi.*	1751
Bechon de Crussadè (de).	1754	*P. du Roi.*	1770
Bedorède Saint-Laurent (de).	1686	*St-Cyr.*	1696
Belcier (de).	1697	*P. du Roi.*	1713
Belcier-Goussac (de).	1712	*St-Cyr.*	1722
Belhade de Thodias (de).	1764	*Ec. Milit.*	1775
Bellai-Ternai (du).	1684	*St-Cyr.*	1695
Bellot (de).	1765	*Ec. Milit.*	1775
Bérail (de).	1769	*Ec. Milit.*	1779
Besson de Mondiol (de).	1723	*St-Cyr.*	1731
Bezolles (de).	1770	*Ec. Milit.*	1781
Bideren (de).	1767	*St-Cyr.*	1778
Bideran de Séveran (de).	1716	*P. du Roi.*	1730
Biderin de Saint-Surin (de).	1763	*Ec. Milit.*	1772
Bideren de Saint-Surin (de).	1768	*St-Cyr.*	1775
Bigos de La Filitre (de).	1758	*Ec. Milit.*	1772
Bonal de La Roquette (de).	1770	*Ec. Milit.*	1779
Bonneau de Montauzier (de).	1751	*Ec. Milit.*	1762
Borie de Pomarède (de).	1761	*Ec. Milit.*	1769
Boudon de La Combe.	1768	*Ec. Milit.*	1778
Boutier de Catus (de).	1765	*Ec. Milit.*	1775
Bouzet (du).	1775	*St-Cyr.*	1785
Bouzet (du).	1757	*P. du Roi.*	1774
Bouzet de Corné (du).	1770	*Ec. Milit.*	1782
Brach de Montussan (de).	1742	*St-Cyr.*	1752
Cadot d'Argeneuil (de).	1750	*Ec. Milit.*	1761
Calvimont (de).	1761	*P. du Roi.*	1777
Came de Saint-Aigne (de).	1754	*Ec. Milit.*	1764
Cameil (de).	1711	*P. du Roi.*	1727
Candate (de).	1758	*P. du Roi.*	1776
Carbonnié (de).	1780	*St-Cyr.*	1790
Carle (de).	1755	*St-Cyr.*	1764
Carles (de).	1724	*P. du Roi.*	1740
Carles (de).	1767	*P. du Roi.*	1782
Carles (de).	1720	*P. du Roi.*	1736
Carles (de).	1696	*P. du Roi.*	1712
Castanet de Cambayrac (de).	1758	*P. du Roi.*	1773
Castillon de Mouchan (de).	1737	*P. du Roi.*	1753
Cazaux (de).	1732	*P. du Roi.*	1746

NOMS.	DATE de la naissce.	POSITION.	
Cazaux (de).	1723	*P. du Roi.*	1736
Chabanes (de).	1768	*Ec. Milit.*	1781
Chalon de La Maronnière.	1691	*P. du Roi.*	1707
Chambre d'Urgons (de).	1743	*P. du Roi.*	1758
Chie d'Arcamont (du).	1764	*P. du Roi.*	1779
Chie d'Arcamont (du).	1758	*P. du Roi.*	1773
Chieq de Roquaing (de).	1767	*Ec. Milit.*	1777
Coquet de Montbrun (de).	1742	*P. du Roi.*	1757
Corneillan.	1677	*P. du Roi.*	1695
Cos La Hitte de Gaspard (du).	1759	*Ec. Milit.*	1769
Cosson (de).	1767	*Ec. Milit.*	1777
Cours de Pauliac (de).	1725	*St-Cyr.*	1735
Cours de Thoumazeau (de).	1766	*Ec. Milit.*	1777
Crémainville (de).	1726	*St-Cyr.*	1736
Dangeros de Castelgaillard.	1769	*Ec. Milit.*	1779
Donissan (de).	1713	*P. du Roi.*	1729
Donissan de Saint-Genés (de).	1705	*P. du Roi.*	1727
Donissan de Citran (de).	1713	*P. du Roi.*	1726
Dorlan de Polignac.	1779	*St-Cyr.*	1788
Dorlan de Polignac de Pouypetit.	1772	*Ec. Milit.*	1783
Eytier (d').	1758	*Ec. Milit.*	1768
Felins de La Bouvernelle (de).	1682	*St-Cyr.*	1690
Ferrand (de).	1776	*St-Cyr.*	1786
Foix de Candale (de).	1684	*St-Cyr.*	1695
Foix de Candale (de).	1685	*St-Cyr.*	1695
Fournel de La Hoquette.	1694	*P. du Roi.*	1708
Fournel-Puiseguin (de).	1678	*P. du Roi.*	1694
Gastebois de La Monde (de).	1766	*Ec. Milit.*	1775
Gaufreteau de Puinormand.	1669	*P. du Roi.*	1684
Gelas de Rozès (de).	1745	*P. du Roi.*	1759
Geneste de Malromé (de).	1708	*St-Cyr.*	1715
Geneste-Malromés (de).	1709	*P. du Roi.*	1723
Geres (de).	1739	*P. du Roi.*	1756
Geres de Camarzac (de).	1766	*P. du Roi.*	1782
Gervais des Landes (de).	1717	*P. du Roi.*	1732
Girandeau de La Noue (de).	1767	*Ec. Milit.*	1777
Godièche de Mazières.	1683	*P. du Roi.*	1701
Gravier (du).	1750	*Ec. Milit.*	1760
Gravier (du).	1767	*St-Cyr.*	1777
Gresse (de saint).	1770	*Ec. Milit.*	1779

NOMS.	DATE de la naissce.	POSITION.	
Gripière de Montcroc (de).	1744	*Ec. Milit.*	1756
Grippière de Montcrocq (de).	1739	*St-Cyr.*	1749
Héral (d').	1755	*Ec. Milit.*	1766
Heral (d').		*St-Cyr.*	1776
Joigni de Bellebrune (de).	1725	*P. du Roi.*	1739
Josset de Pommiers de Breuil (de)	1779	*St-Cyr.*	1789
Laas de Gestède (de).	1746	*St-Cyr.*	1758
La Barthe (de).	1764	*Ec. Milit.*	1777
La Barthe de Pachas (de).	1749	*Ec. Milit.*	1761
La Boussardière de Beaurepos (de).	1765	*Ec. Milit.*	1773
La Cassagne de St-Laurent (de).	1767	*Ec. Milit.*	1778
La Colombe (de).	1746	*P. du Roi.*	1764
La Deveze (de).	1756	*P. du Roi.*	1773
La Ferrière (de).	1681	*St-Cyr.*	1691
La Forcade (de).	1777	*Ec. Milit.*	1787
La Futsun de La Carre (de).	1746	*P. du Roi.*	1761
La Gausie (de).	1762	*Ec. Milit.*	1771
La Marque (de).	1728	*St-Cyr.*	1738
La Roque (de).	1732	*P. du Roi.*	1746
La Salle (de).	1739	*St-Cyr.*	1749
La Tour de Landorthe (de).	1756	*P. du Roi.*	1773
Lavardac (de).	1769	*P. du Roi.*	1784
Lion (du).	1717	*P. du Roi.*	1731
Lonqueval (de).	1743	*Ec. Milit.*	1754
Lort de Saint-Victor (de).	1763	*St-Cyr.*	1773
Lort de Saint-Victor (de).	1735	*St-Cyr.*	1744
Luppe (de).	1730	*St-Cyr.*	1739
Luppé de Besmeaux (de).	1757	*St-Cyr.*	1768
Luppé de Besmaux (de).	1756	*Ec. Milit.*	1768
Maine de Saint-Lanne (du).	1764	*Ec. Milit.*	1772
Mallet (de).	1746	*P. du Roi.*	1760
Marescot (de).	1758	*Ec. Milit.*	1772
Martin de Rion (de saint).	1713	*P. du Roi.*	1728
Massip (de).	1730	*St-Cyr.*	1741
Médrane (de).	1767	*St-Cyr.*	1778
Medrane (de).	1761	*Ec. Milit.*	1770
Méjames (de).	1758	*P. du Roi.*	1775
Melet (de).	1702	*St-Cyr.*	1714
Melet de Montbalen (de).	1759	*St-Cyr.*	1768
Mellet (de).	1747	*P. du Roi.*	1762

NOMS.	DATE de la naiss^ce.	POSITION.	
Momas de-Soulens (de).	1709	*P. du Roi.*	1725
Mondenard de Roquelaure de La Passonne (de).	1767	*Ec. Milit.*	1777
Monduzer de Cabanac (de).	1746	*Ec. Milit.*	1754
Montalembert (de).	1740	*P. du Roi.*	1756
Montaut de Saint-Sivier (de).	1776	*Ec. Milit.*	1785
Montferrand (de).	1754	*St-Cyr.*	1764
Montlezun (de).	1760	*P. du Roi.*	1775
Montlezun-Campagne.	1676	*P. du Roi.*	1690
Montmejan (de).	1746	*Ec. Milit.*	1756
Montpezat (de).	1767	*Ec. Milit.*	1778
Mothes de Blanche (de).	1756	*Ec. Milit.*	1768
Moulin de La Barthelte (du).	1767	*St-Cyr.*	1776
Moulin de La Barthette (du).	1762	*Ec. Milit.*	1771
Mun de Sarlabous (de).	1741	*Ec. Milit.*	1754
Mun de Sarlabous (de).	1738	*St-Cyr.*	1745
Mur (de).	1732	*P. du Roi.*	1749
Musset (de).	1639	*St-Cyr.*	1701
Musset de Patay (de).	1755	*Ec. Milit.*	1769
Narbonne (de).	1723	*St-Cyr.*	1731
Navailles (de).	1740	*P. du Roi.*	1757
Nicolas de La Coste (de).	1753	*St-Cyr.*	1763
Noaillan (de).	1714	*St-Cyr.*	1725
Oro (d').	1683	*St-Cyr.*	1695
Oro (d').	1685	*St-Cyr.*	1695
Pati de Bellegarde.	1708	*P. du Roi.*	1727
Pé (de saint).	1759	*Ec. Milit.*	1769
Péguilhan (de).	1733	*P. du Roi.*	1749
Pequilhan de Sarboust (de).	1732	*St-Cyr.*	1741
Perthuis (de).	1766	*P. du Roi.*	1779
Peyrou de Murat (del).	1742	*St-Cyr.*	1754
Phelines de Villersaux (de).	1747	*Ec. Milit.*	1756
Pichon (de).	1749	*St-Cyr.*	1761
Picquet de Juillac (de).	1764	*Ec. Milit.*	1772
Pinet (de).	1685	*St-Cyr.*	1694
Podenas (de).	1729	*St-Cyr.*	1741
Poudenx (de).	1709	*P. du Roi.*	1724
Poudenx (de).	1708	*P. du Roi.*	1724
Poui Sacerre (du).	1703	*St Cyr.*	1713
Pré (du).	1727	*St-Cyr.*	1738
Puch de Paillas (del).	1692	*P. du Roi.*	1705

NOMS.	DATE de la naiss^ce.	POSITION.	
Puch de Paillas (del).	1691	*P. du Roi.*	1705
Puch de Paillas de Montbreton (del).	1715	*P. du Roi.*	1732
Puch de Paillas-Montbreton (del).	1712	*P. du Roi.*	1726
Puch de Paillas-Montbreton (del).	1711	*P. du Roi.*	1726
Raffin (de).	1753	*P. du Roi.*	1770
Raimond de Folmont de Fages.	1717	*St-Cyr.*	1724
Rancher de La Ferrière.	1712	*P. du Roi.*	1728
Rancher d'Ermagni.	1673	*P. du Roi.*	1686
Roquevert (de).	1749	*Ec. Milit.*	1759
Sacriste de Ponteux.	1724	*P. du Roi.*	1740
Sacriste de Samazan.	1721	*P. du Roi.*	1737
Sacriste de Tombebeux.	1714	*P. du Roi.*	1737
Sallin de Saillant (de).	1749	*St-Cyr.*	1761
Sallin du Saillac (de).	1747	*P. du Roi.*	1761
Salmon du Chastelier.		*P. du Roi.*	1742
Salmon du Chastelier (de).	1728	*P. du Roi.*	1744
Salmon du Chatelier (de).	1760	*P. du Roi.*	1774
Sariac (de).	1745	*Ec. Milit.*	1755
Sarrau d'Arasse (de).	1767	*Ec. Milit.*	1778
Sauvage d'Eyquem (de).	1766	*Ec. Milit.*	1774
Ségur de Montagne.	1712	*P. du Roi.*	1727
Sentout (de).	1764	*P. du Roi.*	1779
Sentout (de).	1727	*P. du Roi.*	1743
Soüil de Fortisson (du).	1744	*P. du Roi.*	1760
Taillevis de Jupeaux (de).	1780	*Ec. Milit.*	1788
Tarneau.	1671	*P. du Roi.*	1683
Tastes de Silencourt (de).	1735	*St-Cyr.*	1743
Tauriac (de).	1773	*St-Cyr.*	1784
Thomassin (de).	1765	*Ec. Milit.*	1777
Timbrune (de).	1718	*P. du Roi.*	1732
Tiville (de).	1682	*P. du Roi.*	1695
Tremault (de).	1777	*Ec. Milit.*	1787
Valier (de).	1738	*St-Cyr.*	1750
Vassal de Montviel (de).	1751	*St-Cyr.*	1761
Verdelin de Montagne.	1705	*P. du Roi.*	1719
Verdelin de Montegut (de).	1733	*P. du Roi.*	1749
Villemur (de).	1752	*P. du Roi.*	17
Ysson de Bonnai (d').	1716	*Chevali. d'honneur au parlement de Toulouse.*	1738

NOMS.	DATE de la naiss^ce.	POSITION.	

QUERCY.

ARRIÉGE. — AVEYRON. — BASSES-PYRENNÉES. — HAUTES-PYRENNÉES. — LOT. PYRENNÉES-ORIENTALES.

NOMS.	DATE de la naiss^ce.	POSITION.	
Albignac du Triadou (d').	1719	*P. du Roi.*	1733
Albignac du Triadou (d').	1730	*St-Cyr.*	1742
Anglars du Claux.	1716	*St-Cyr.*	1725
Araquy (d').	1730	*P. du Roi.*	1746
Arnaud de Guiscard.	1726	*P. du Roi.*	1739
Arzac (d').	1716	*St-Cyr.*	1728
Auga de Maussai (d').	1723	*St-Cyr.*	1733
Azémar.	1680	*St-Cyr.*	1693
Azémard de Panat (d').	1715	*P. du Roi.*	1732
Azémard de Panat (de).	1746	*P. du Roi.*	1760
Azémar de Panat (d').	1714	*P. du Roi.*	1729
Bachoué de Barraute.	1756	*St-Cyr.*	1764
Bancalif de Pruynes (de).	1764	*Ec. Milit.*	1772
Banyuls de Montferrer (de).	1764	*Ec. Milit.*	1773
Bare de La Garde (de).	1764	*St-Cyr.*	1775
Bayly (de).	1771	*St-Cyr.*	17
Beaudean (de).	1763	*Ec. Milit.*	1772
Beaufort (de).	1762	*St-Cyr.*	1775
Beaufort de Lesparre (de).	1766	*Ec. Milit.*	1775
Beaumont (de).	1750	*P. du Roi.*	1765
Belcastel.	1732	*St-Cyr.*	1741
Belcastel (de).	1748	*Ec. Milit.*	1755
Belcastel (de).	1743	*St-Cyr.*	1755
Béraud d'Arimond (de).	1747	*Ec. Milit.*	1756
Bernard de Carbonière (de).	1760	*Ec. Milit.*	1771
Bertran de Palmarole.	1754	*Ec. Milit.*	1769
Betz (de).	1766	*Ec. Milit.*	1776
Bonnefoux de Caminel (de).	1750	*Ec. Milit.*	1761
Bonvoust d'Aunay (de).	1732	*P. du Roi.*	1748
Bouïlh (de).	1755	*Ec. Milit.*	1766
Brons (de).	1777	*St-Cyr.*	1787
Brunel de La Roquette (de).	1769	*Ec. Milit.*	1778
Brunet de Panat.	1700	*P. du Roi.*	1717

NOMS.	DATE de la naiss^{ce}.	POSITION.	
Cadrieux (de).	1700	*P. du Roi.*	1715
Cahors de La Sarladie (de).	1675	*St-Cyr.*	1687
Cahors La Sarladie (de).	1704	*St-Cyr.*	1715
Cairon (de).	1675	*P. du Roi.*	1688
Cairon (de).	1698	*P. du Roi.*	1713
Caors de La Sarladie (de).	1774	*St-Cyr.*	1784
Caors de La Sarladie (de).	1756	*Ec. Milit.*	1768
Cardeillac (de).	1753	*Ec. Milit.*	1765
Casamajor-Gestas (de).	1778	*Ec. Milit.*	1788
Casteras de Montesqueu (de).	1755	*St-Cyr.*	1765
Casteras de Sournia.	1746	*P. du Roi.*	1761
Corcoral (de).	1748	*St-Cyr.*	1760
Corcoral de Sainte-Gemme (de).	1764	*Ec. Milit.*	1774
Corn de Quessac (de).	1766	*P. du Roi.*	1780
Corneillan (de).	1761	*P. du Roi.*	1778
Corneillan (de).	1712	*P. du Roi.*	1729
Crugy de Marcillac (de).	1742	*P. du Roi.*	1758
Curières de Sainte-Eulalie (de).	1766	*Ec. Milit.*	1777
Cuzières de Castelnau.	1734	*P. du Roi.*	1750
Dangos de Boucares.	1667	*P. du Roi.*	1683
Dolmières dit d'Imières-d'Olmeiras-Montamat.		*St-Cyr.*	1706
Durand (de).	1777	*St-Cyr.*	1785
Durfort (de).	1721	*St-Cyr.*	1732
Durfort de Leobard (de).	1756	*St-Cyr.*	1763
Escairac de Montbel (d').	1743	*St-Cyr.*	1755
Escairac de Vignals (de).	1725	*St-Cyr.*	1735
Faur de Laubocq (du).	1779	*St-Cyr.*	1787
Faur de Louboey (du).	1767	*Ec. Milit.*	1778
Faure de Prouliac (du).	1776	*Ec. Milit.*	1785
Fauriac (de).	1712	*St-Cyr.*	1721
Fontanges de Marclas.	1696	*St-Cyr.*	1706
Fouquet de Closneuf.	1745	*Ec. Milit.*	1755
Galabert-d'Haumont de La Peyre (de).	1764	*Ec. Milit.*	1773
Gallard (de).	1733	*P. du Roi.*	1749
Garceval.	1664	*P. du Roi.*	1684
Garric d'Uzèche (du).	1729	*P. du Roi.*	1745
Gascq de Mialet (de).	1776	*Ec. Milit.*	1785
Gassot de Rochefort.	1772	*Ec. Milit.*	1781
Ginies (de).	1681	*St-Cyr.*	1691
Goudal de la Goudalie.	1754	*Ec. Milit.*	1765

NOMS.	DATE de la naiss^ce.	POSITION.	
Grandsaigne d'Hauterive (de).	1765	*Ec. Milit.*	1775
Grange de La Vercancière.	1680	*P. du Roi.*	1694
Grégoire-Saint-Sauveur.	1705	*P. du Roi.*	1721
Grégoire-Saint-Sauveur.	1723	*P. du Roi.*	1737
Gualy (de).	1756	*Ec. Milit.*	1770
Gualy (de).	1752	*St-Cyr.*	1762
Guilhem de Caty de La Peyrère de Saint-Pastou (de).	1764	*Ec. Milit.*	1776
Guiscard de Thédirac (de).	1746	*P. du Roi.*	1761
La Borie de Rouzet (de).	1766	*Ec. Milit.*	1777
La Casagne Saint-Laurent (de).	1733	*St-Cyr.*	1743
La Chapelle (de).	1731	*St-Cyr.*	1741
La Chièze de Briance (de).	1726	*St-Cyr.*	1738
La Duguie de Calès (de).	1776	*Ec. Milit.*	1786
La Forgue de Bellegarde (de).	1756	*Ec. Milit.*	1770
La Futsun de La Carre (de).	1753	*Ec. Milit.*	1764
La Garde (de).	1738	*P. du Roi.*	1748
La Garde de Bonnecoste (de).	1758	*St-Cyr.*	1768
La Garde de Saignes (de).	1738	*P. du Roi.*	1754
La Grange de La Vercancière (de).	1702	*P. du Roi.*	1718
Langlois de Ramentières.	1751	*Ec. Milit.*	1771
La Panouze (de).	1768	*St-Cyr.*	1778
La Sudrie (de).	1713	*St-Cyr.*	1725
La Tour de Landorte (de).	1686	*P. du Roi.*	1702
La Tour de Langle (de).	1715	*St-Cyr.*	1727
La Tour de Saint-Igest (de).	1749	*Ec. Milit.*	1760
La Vaissière-Cantoinet.	1667	*P. du Roi.*	1684
La Vaissière-Canteinet (de).	1706	*P. du Roi.*	1721
La Valette Parisot de Saint-Hilaire (de).	1737	*St Cyr.*	1741
Lentillac-Sédièvre (de).	1698	*St-Cyr.*	1709
Le Plas.	1691	*St-Cyr.*	1700
Levesou de Castelmus de Vezins (de).	1766	*Ec. Milit.*	1775
Levezou de Vezins (de).	1736	*P. du Roi.*	1753
Liége (de).	174	*St-Cyr.*	1754
Lostanges (de).	1733	*St-Cyr.*	1744
Lostanges (de).	1748	*St-Cyr.*	1760
Loupiac de La Deveze (de).	1723	*P. du Roi.*	1735
Makau de Hirckeim-Amé (de).	1714	*Collége Mazarin.*	1726
Malian (de).	1769	*P. du Roi.*	1783
Marquessac (de).	1710	*St-Cyr.*	1722

NOMS.	DATE de la naissce.	POSITION.	
Masencome de Montluc.	1676	*P. du Roi.*	1690
Mejanes de Puellor (de).	1759	*Ec. Milit.*	1770
Montagut de Favols (de).	1745	*Ec. Milit.*	1757
Montesquiou d'Artagnan (de).	1679	*St-Cyr.*	1686
Montesquiou d'Artagnan (de).	1675	*St-Cyr.*	1686
Montlezun-Campagne (de).	1705	*P. du Roi.*	1721
Montlezun de Saint-Lary (de).	1673	*P. du Roi.*	1689
Montvalat d'Entragues (de).	1669	*P. du Roi.*	1685
Moustoulac de La Fage (de).	1779	*Ec. Milit.*	1788
Moyria (de).	1752	*Ec. Milit.*	1762
Mun de Cardillac (de).	1758	*P. de la Dauphine.*	1773
Nozié de La Lande (de).	1765	*Ec. Milit.*	1777
Oms del Vivier de Montalt (d').	1760	*Ec. Milit.*	1770
Ozenx (d').	1749	*St-Cyr.*	1761
Palhasse de Saint-Hilaire (de).	1734	*P. du Roi.*	17
Pause de Mondesir (de).	1739	*P. du Roi.*	1754
Pechpeyron de Beaucaire (de).	1740	*Ec. Milit.*	1754
Peironene-St-Chamarand (de).	1713	*P. du Roi.*	1729
Peironnene de Saint-Chamarand (de).	1740	*P. du Roi.*	1756
Peronène de La Roque-Saint-Amant de Marsenac (de).	1719	*P. du Roi.*	1734
Peyronenc de Saint-Chamaran (de).	1737	*P. du Roi.*	1754
Peyronenc de Saint-Chamaran (de).	1737	*P. du Roi.*	1754
Plas (des).	1694	*St-Cyr.*	1702
Plas de Tunes (de).	1737	*P. du Roi.*	1753
Pontonnier (de).	1767	*St-Cyr.*	1778
Pouget (du).	1757	*Ec. Milit.*	1766
Prévenquières (de).	1733	*P. du Roi.*	1747
Puch de Montbreton (de).	1762	*Ec. Milit.*	1772
Puniet (de).	1774	*St Cyr.*	1783
Resseguier (de).	1755	*Ec. Milit.*	1766
Resseguier (de).	1753	*St-Cyr.*	1764
Roquefeuil (de).	1695	*P. du Roi.*	1709
Roquelaure-Saint-Aubin (de).	1713	*P. du Roi.*	1728
Ros de Marguarit (de).	1751	*St-Cyr.*	1761
Rozet de La Garde de La Bastide (de).	1755	*Ec. Milit.*	1766
Sabater (de).	1767	*Ec. Milit.*	1777
Salvert (de).	1744	*P. du Roi.*	1757
Satha (de).	1758	*Ec. Milit.*	1771
Solage (de).	1707	*P. du Roi.*	1728

NOMS.	DATE de la naiss^ce.	POSITION.	
Solage (de).	1706	*P. du Roi.*	1722
Solages (de).	1752	*Ec. Milit.*	1763
Sorbovio (de).	1703	*Hôp. de Montdidier.*	1734
Tastanier de Sainte-Foy (de).	1734	*St-Cyr.*	1745
Tauriac (de).	1764	*Ec. Milit.*	1774
Termes (de).	1764	*Ec. Milit.*	1773
Termes (de).	1726	*St-Cyr.*	1736
Termes (de).	1728	*P. du Roi.*	1747
Testas de Folmont (de).	1748	*Ec. Milit.*	1760
Tilhet de Mauroux.	1692	*P. du Roi.*	1709
Traversier.	1765	*P. du Roi.*	1781
Varoquier (de).	1754	*Ec. Milit.*	1765
Vassal de La Garde (de).	1756	*Ec. Milit.*	1768
Vesins (de).	1730	*St-Cyr.*	1741
Volonzac.	1667	*P. du Roi.*	1684

Melun. — Imprimerie de Desrues.

PROVINCE

DE LANGUEDOC.

LANGUEDOC.

ARDÈCHE. — AUDE. — GARD. — HAUTE-GARONNE. — HÉRAULT. — LOZÈRE. — TARN. — TARN-ET-GARONNE.

NOMS.	DATE de la naiss^ce.	POSITION.	
Aldeguier (d').	1743	*St-Cyr.*	1750
Aldeguier (d').	1767	*Ec. Milit.*	1775
Alphonse (d').	1749	*Ec. Milit.*	1760
Altier de Born (d').	1745	*P. du Roi.*	1760
Alverny de La Palme (d').	1752	*Ec. Milit.*	1762
André (d').	1767	*Ec. Milit.*	1778
Araignon de Villeneuve (d').	1776	*Ec. Milit.*	1786
Arnaud de la Cassagne.	1701	*P. du Roi.*	1715
Assas (d').	1736	*P. du Roi.*	1752
Assas (d').	1761	*St-Cyr.*	1771
Assas de Peyregrosse (d').	1744	*Ec. Milit.*	1756
Auberjon (d').	1779	*Ec. Milit.*	1786
Auriol de Lauvaguel.	1677	*P. du Roi.*	1693
Avessens de Saint-Rome (d').	1687	*P du Roi.*	1705
Bandinet de Figaret.	1687	*P. du Roi.*	1703
Banes d'Avejan de Montgros (de).	1719	*St-Cyr.*	1730
Baraigne de Bélestat.	1695	*P. du Roi.*	1712
Bargeson (de).	1732	*St-Cyr.*	1741
Bargeton de Verclause (de).	1767	*Ec. Milit.*	1775
Barral d'Arènes (de).	1757	*St-Cyr.*	1766
Barral d'Arènes (de).	1759	*Ec. Milit.*	1769
Bars de Moncalon (de).	1745	*P. du Roi.*	1761
Bauchis du Cailar (de).	1685	*P. du Roi.*	1702
Baud du Castelet (de).	1739	*Ec. Milit.*	1753

NOMS.	DATE de la naissᶜᵉ.	POSITION.	
Bayard de Ferrières.	1718	*P. du Roi.*	1732
Beccaric (de).	1762	*P. du Roi.*	1778
Belissend (de).	1749	*P. du Roi.*	1764
Belvezer de Jonchères (de).	1764	*Ec. Milit.*	1777
Benevent (de).	1750	*Ec. Milit.*	1761
Bénévent de Salles (de).	1699	*P. du Roi.*	1714
Béon (de).	1674	*P. du Roi.*	1690
Berail de Mazerolles (de).	1743	*P. du Roi.*	1758
Bérard.	1724	*St-Cyr.*	1736
Bérard (de).	1733	*P. du Roi.*	1747
Berard de Montalet (de).	1734	*P. du Roi.*	1748
Berard de Montalet (de).	1759	*St-Cyr.*	1771
Bermon (de).	1765	*Ec. Milit.*	1777
Bermond (de).	1735	*P. du Roi.*	1751
Bernard (de).	1764	*Ec. Milit.*	1774
Bertier (de).	1758	*P. du Roi.*	1773
Bertrandy (de).	1763	*Ec. Milit.*	1773
Beuloc (de).	1763	*P. du Roi.*	1778
Bocaud (de).	1687	*P. du Roi.*	1702
Bonloc.	1684	*St-Cyr.*	1696
Bonnavent de Beaumevieille d'Amburde-Gourgas (de).	1778	*Ec. Milit.*	1787
Bonne (de).	1772	*Ec. Milit.*	1783
Bonnemain (de).	1770	*Ec. Milit.*	17
Bonnet de Maureillan.	1687	*P. du Roi.*	1703
Bonot de Villeuvin (de).	1734	*P. du Roi.*	1742
Bousquet de Montlaur (de).	1664	*P. du Roi.*	1684
Bousquet de Montlaur.	1664		
Boyer de Camprieu (de).	1770	*Ec. Milit.*	1781
Boyer de Sorgues.	1666	*P. du Roi.*	1685
Brohenques de Plantigui.	1720	*St-Cyr.*	1731
Brueys (de).	1779	*Ec. Milit.*	1787
Bruyères (de).	1729	*P. du Roi.*	1744
Cailar de Puisserguier (du).	1683	*P. du Roi.*	1701
Caladon, dit de Beranger (de).	1769	*Ec. Milit.*	1778
Calvière (de).	1774	*St-Cyr.*	1784
Cambis (de).	1747	*Ec. Milit.*	1755
Cambis (de).	1733	*St-Cyr.*	1741
Cambis de Fons (de).	1709	*St-Cyr.*	1718
Capdeville (de).	1736	*P. du Roi.*	1750

NOMS.	DATE de la naissce.	POSITION.	
Capdeville (de).	1735	*St-Cyr.*	1742
Capriol de Pechassaut (de).	1772	*Ec. Milit.*	1783
Castillon Saint-Victor (de).	1713	*P. du Roi.*	1728
Cazamajour (de).	1750	*Ec. Milit.*	1760
Cazamajour de Montclarel (de).	1737	*St-Cyr.*	1748
Cazeaux (de).	1720	*St-Cyr.*	1729
Chalvet (de).	1668	*P. du Roi.*	1683
Chambon de La Barthe (de).	1765	*Ec. Milit.*	1777
Chapelain (de).	1776	*Ec. Milit.*	1785
Charrier de Moissard (de).	1765	*Ec. Milit.*	1778
Chastel (de).	1726	*P. du Roi.*	1741
Chavagnac (de).	1727	*P. du Roi.*	1741
Chavagnac (de).	1724	*P. du Roi.*	1739
Chazelles (de).	1780	*Ec. Milit.*	1790
Clerc de Pierrerue (de).	1736	*P. du Roi.*	1750
Conceil (de).	1774	*P. du Roi.*	1789
Cotte de La Tour (de).	1756	*Ec. Milit.*	1769
Couderc-Antugnac (de).	1684	*St-Cyr.*	1695
Couffin du Valès (de).	1768	*Ec. Milit.*	1778
Cubières (de).	1747	*P. du Roi.*	1763
Cuje de Saint-Paul (du).	1759	*Ec. Milit.*	1770
Dadvisard.	1766	*Ec. Milit.*	1774
Dalbis.	1769	*Ec. Milit.*	1779
Daxe d'Axat de La Serpent.	1718	*P. du Roi.*	1728
Dax d'Axat de La Serpens.	1705	*P. du Roi.*	1722
Dax de Cessales.	1767	*Ec. Milit.*	1777
Durfort (de).	1754	*St-Cyr.*	1762
Durfort de Deime Caujac (de).	1728	*St-Cyr.*	1739
Durfort de Rousines (de).	1733	*St-Cyr.*	1745
Escodeca de Boisse (d').	1732	*P. du Roi.*	1749
Espériès (d').	1777	*Ec. Milit.*	1788
Espic (d').	1779	*St-Cyr.*	1789
Fabre de La Tude.	1710	*P. du Roi.*	1724
Faramond de La Fajolle.	1759	*Ec. Milit.*	1768
Faudoas de Sévillac (de).	1684	*P. du Roi.*	1701
Faur de Berat (du).	1762	*P. du Roi.*	1778
Fay (du).	1774	*St-Cyr.*	1784
Fayes de Vaumales (de).	1775	*St-Cyr.*	1782
Félix de Mauremont (de saint).	1734	*St-Cyr.*	1743
Félix de Mauremont (de saint).	1773	*P. du Roi.*	1789

NOMS.	DATE de la naissce.	POSITION.	
Ferrar de Pontmartin (de).	1744	*Ec. Milit.*	1753
Fleyres (de).	1769	*Ec. Milit.*	1778
Floret de Clamouze (de).	1754	*Ec. Milit.*	1766
Foix (de).	1754	*P. du Roi.*	1770
Fournas de La Brosse.	1760	*St-Cyr.*	1770
Fournas de La Brosse de Fabrezan (de).	1756	*Ec. Milit.*	1770
Fraissinet.	1677	*P. du Roi.*	1689
Frévol de Ribeins (de).	1763	*Ec. Milit.*	1772
Gailhac (de).	1731	*P. du Roi.*	1745
Garrigues de Naujac de La Devèze (de).	1763	*Ec. Milit.*	1772
Garrigues La Devèze (de).	1698	*P. du Roi.*	1713
Gautier de Seissan.	1675	*R. Chevalier d'honn. au Siége présidial de Beziers.*	1734
Georges de Lédenon.	1703	*P. du Roi.*	1719
Gi essouse (de).	1720	*St-Cyr.*	1732
Gineste des Conques (de).	1763	*St-Cyr.*	1773
Ginestou.	1681	*P. du Roi.*	1695
Ginestous de L'Argentière.	1682	*P. du Roi.*	1695
Ginestoux (de).	1734	*P. du Roi.*	1750
Ginestoux de Rogues (de).	1749	*P. du Roi.*	1764
Girard (de).	1762	*Ec. Milit.*	1772
Gouzens de Fontaines (de).	1760	*Ec. Milit.*	1769
Grave (de).	1760	*St-Cyr.*	1769
Grave (de).	1755	*Ec. Milit.*	1769
Grave (de).	1730	*P. du Roi.*	1743
Graves de Villes-Farjeau (de).	1685	*P. du Roi.*	1702
Grégoire des Gardies de St-Rome (de).	1760	*P. du Roi.*	1776
Hautpoul (d').	1775	*St-Cyr.*	1784
Hautpoul de Félimes (de).	1694	*P. du Roi.*	1712
Hautpoul de Féline.	1725	*P. du Roi.*	1740
Hautpoul de Félines (de).	1724	*P. du Roi.*	1738
Hélie de Saint-André.	1769	*St-Cyr.*	1778
Hélie de Saint-André (d').	1764	*Ec. Milit.*	1774
Hérail de Brizis.	1692	*P. du Roi.*	1708
Hortet de Teffan (d').	1766	*St-Cyr.*	1777
Inguimbert de Montange (d').	1724	*P. du Roi.*	1740
Isarn (d').	1756	*Ec. Milit.*	1767
Isarn de Villefort (d').	1720	*St-Cyr.*	1728
Isarn de Villefort.	1701	*P. du Roi.*	1717

NOMS.	DATE de la naissce.	POSITION.	
Isarn de Villerfort (d').	1751	St-Cyr.	1762
Issarn de Crussoles (d').	1712	P. du Roi.	1728
Issarn de Villefort (d').	1710	P. du Roi.	1728
Izarn de Villefort (d').	1774	St-Cyr.	1782
Izarre.	1729	St-Cyr.	1740
Janin (de).	1728	St-Cyr.	1739
Jean de Saint-Marcel (de).	1765	Ec. Milit.	1774
Jean d'Honoux de Fajac (saint).	1702	P. du Roi.	1718
Juin de Siran (de).	1773	Ec. Milit.	1783
Juliannis.	1672	P. du Roi.	1688
Julien (de saint).	1720	St-Cyr.	1731
Julien de Vinezac (de).	1732	St-Cyr.	1740
Julien de Vinezac.	1726	P. du Roi.	1742
Laas de Geste (de).	1768	St-Cyr.	1776
La Baulme (de).	1767	Ec. Milit.	1777
La Baulme (de).	1740	P. du Roi.	1755
Lac de Montvert (du).	1675	St-Cyr.	1686
La Cour de La Gardiolle (de).	1767	Ec. Milit.	1778
La Croix de Gaujac (de).	1729	St-Cyr.	1741
La Fare (de).	1669	P. du Roi.	1689
La Fare (de).	1753	St-Cyr.	1762
La Farre (de).	1721	P. du Roi.	1737
La Mamie de Clairac (de).	1720	St-Cyr.	1731
La Mamie de Clairac (de).	1744	St-Cyr.	1753
La Mamie de Clairac (de).	1732	St-Cyr.	1744
Lancelin de La Bolière (de).	1738	St-Cyr.	1748
Lardière (de).	1759	Ec. Milit.	1769
Las Cases (de).	1727	St-Cyr.	1738
Lascazes de La Caussade (de).	1766	Ec. Milit.	1777
La Serre (de).	1749	Ec. Milit.	1760
La Serre (de).	1730	St-Cyr.	1741
Latenay de Lissac (de).	1754	Ec. Milit.	1764
La Treille de Possière (de).	1739	St-Cyr.	1750
La Tude de Ganges (de).	1694	P. du Roi.	1711
Latude de Ganges.	1695	P. du Roi.	1675
Lauglade (de).	1763	St-Cyr.	1775
Laur (de).	1754	Ec. Milit.	1769
Laurens (de).	1776	St-Cyr.	1786
Lauzières de Themines (de).	1771	Ec. Milit.	1781
Lordat (de).	1734	P. du Roi.	1749

NOMS.	DATE de la naiss^ce.	POSITION.	
Lordat (de).	1733	*P. du Roi.*	1748
Lordat (de).	1725	*P. du Roi.*	1740
Lordat de Brâme.	1670	*P. du Roi.*	1687
Lor-Savignac (de).	1666	*P. du Roi.*	1683
Lort de Serignan (de).	1745	*Ec. Milit.*	1756
Louvet de Cauvesson.	1662	*P. du Roi.*	1678
Luillier de Rouvenac (de).	1745	*Ec. Milit.*	1756
Mas de Mans (du).	1699	*P. du Roi.*	1714
Mas de Manse (du).	1726	*P. du Roi.*	1742
Mattes (de).	1763	*St-Cyr.*	1775
Mauléon (de).	1724	*P. du Roi.*	1740
Mauléon de Narbonne de Nébias (de).	1765	*Ec. Milit.*	1775
Maurel d'Aragon (de).	1691	*P. du Roi.*	1707
Merle de La Gorce (de).	1721	*P. du Roi.*	1736
Merle de La Gorce (de).	1775	*Ec. Milit.*	1784
Michel du Roc (de).	1772	*Ec. Milit.*	17
Molière (de).	1744	*St-Cyr.*	1755
Molitard (de).	1705	*St-Cyr.*	1713
Monlaur de Meurtes (de).	1663	*P. du Roi.*	1680
Monstron de Sauton d'Escoutonbre (de).	1722	*P. du Roi.*	1738
Monstron d'Escouloubre (de).	1688	*P. du Roi.*	1704
Montagnac (de).	1769	*Ec. Milit.*	1778
Montagnac (de).	1728	*St-Cyr.*	1737
Montcalm de Gozon (de).	1706	*P. du Roi.*	1723
Montcalm de Saint-Véran (de).	1720	*P. du Roi.*	1732
Montesquieu de La Tour.	1683	*P. du Roi.*	1701
Montesquieu de Roquefost (de).	1726	*P. du Roi.*	1742
Montesquieu Ste-Colombe (de).	1705	*P. du Roi.*	1722
Monfaucon (de).	1774	*St-Cyr.*	1784
Montfaucon de Rogles (de).	1754	*St-Cyr.*	1764
Montfaucon de Rogles (de).	1747	*P. du Roi.*	1760
Montfaucon de Rogles (de).	1728	*St-Cyr.*	1736
Montfaucon de Vissec.	1669	*P. du Roi.*	1685
Montolieu (de).	1773	*Ec. Milit.*	1784
Morgues de Saint-Germain (de).	1677	*St-Cyr.*	1687
Mun (de).	1758	*P. de la Dauphine.*	1773
Najac (de).	1778	*Ec. Milit.*	1786
Narbonne de Pelet (de).	1725	*St-Cyr.*	1736
Nattes de Nadaillon (de).	1751	*Ec. Milit.*	1762
Nigre (de).	1680	*P. du Roi.*	1694

NOMS.	DATE de la naiss^ce	POSITION.	
Nigri La Redorte.	1704	*P. du Roi.*	1719
Olivier de La Gardie.	1696	*P. du Roi.*	1712
Ortoman (d').	1777	*Ec. Milit.*	1789
Pac de Badens (du).	1736	*P. du Roi.*	1751
Pac de Bellegarde (du).	1754	*Ec. Milit.*	1765
Pavée-Villevieille (de).	1696	*P. du Roi.*	1712
Pavie-Fourquevaux (de).	1695	*St-Cyr.*	1706
Pelet de Salgas (de).	1732	*St-Cyr.*	1741
Perein de Seilh (de).	1732	*St.-Cyr*	1740
Perrin de La Beffière (de).	1764	*St-Cyr.*	1775
Perrin de La Bessière (de).	1758	*Ec. Milit.*	1772
Peyrottes de Soubés (de).	1734	*St-Cyr.*	1741
Peytes de Montcabrier.	1743	*St-Cyr.*	1751
Pierre de Bernis.	1714	*P. du Roi.*	1729
Pierre, seigneur de Bernis (de).	1669	*P. du Roi.*	1686
Piezes (de).	1772	*St-Cyr.*	1782
Pins (de).	1686	*P. du Roi.*	1702
Piolenc (de).	1731	*St-Cyr.*	1739
Piolenc (de).	1756	*Ec. Milit.*	1767
Plantevit de Margon (de).	1686	*P. du Roi.*	1702
Pluviers (de).	1765	*St-Cyr.*	1772
Portes de Pardaillan (de)	1785	*St-Cyr.*	1787
Portes de Perdaillan (de).	1785	*St-Cyr.*	1787
Pri de Roquefort (de).	1707	*P. du Roi.*	1723
Prohengues.	1698	*St-Cyr.*	1707
Prune de Cardonnac.	1675	*P. du Roi.*	1692
Puech de Cagnac (del).	1695	*St-Cyr.*	1705
Puech de Comeiras (del).	1767	*Ec. Milit.*	1777
Puech de La Bastide (del).	1769	*St-Cyr.*	17
Puech de La Bastide (del).	1729	*St-Cyr.*	1737
Puel de Partan (de).	1768	*P. du Roi.*	1784
Puibusque (de).	1763	*Enfant-Jesus.*	1772
Querelles (de).	1758	*Ec. Milit.*	1772
Raimond de Lasbordes (de).	1686	*P. du Roi.*	1702
Raymond de Las Bordes (de).	1762	*Ec. Milit.*	1772
Raymond de Las Nougarède (de).	1760	*Ec. Milit.*	1769
Redon de La Piyade (de).	1773	*Ec. Milit.*	1783
Reines (de).	1730	*St-Cyr.*	1737
Renty (de).	1703	*St-Cyr.*	1714
Reviers de Mauny (de).	1754	*Ec. Milit.*	1769

NOMS.	DATE de la naiss[ce].	POSITION.	
Retz de Servières (de).	1755	*P. du Roi.*	1770
Ribeyreix (de).	1751	*P. du Roi.*	1769
Richard de Castelnau (de).	1769	*Ec. Milit.*	1778
Rivals de La Deveze (de).	1773	*St-Cyr.*	1782
Rivals de La Devèze (de).	1768	*Ec. Milit.*	1779
Rivière de Corsac (de).	1713	*P. du Roi.*	1728
Rochemore (de).	1713	*P. du Roi.*	1727
Rochemore d'Aigremont (de).	1746	*P. du Roi.*	1761
Roger de Cahuzac.	1699	*P. du Roi.*	1714
Roquefeuil (de).	1750	*P. du Roi.*	1764
Roux d'Alzonne (de).	1688	*P. du Roi.*	1704
Roys de Lédignan (de).	1759	*St-Cyr.*	1770
Roys des Portes (de).	1743	*P. du Roi.*	1759
Saget (de).	1778	*Ec. Milit.*	1788
Saignard de Sasblange.	1767	*St-Cyr.*	
Sarrazin du Chambonnet (de).	1771	*Ec. Milit.*	1780
Sauvan d'Aramon.	1683	*P. du Roi.*	1698
Segla-Ribaute (de).	1707	*St-Cyr.*	1717
Seguin de Reiniés.	1720	*St-Cyr.*	1732
Serre de Saint-Romans.	1747	*P. du Roi.*	1758
Sers (de).	1753	*St-Cyr.*	1763
Sers d'Aulix (de).	1758	*Ec. Milit.*	1772
Severac de Juzes (de).	1755	*Ec. Milit.*	1768
Sibert de Cornillon (de).	1752	*Ec. Milit.*	1762
Siran de Cavanac (de).	1728	*P. du Roi.*	1743
Suc de Saint-Affrique (de).	1744	*St-Cyr.*	1755
Tartereau de Berthemont.	1742	*St-Cyr.*	1753
Thésan de Sase (de).	1667	*P. du Roi.*	1684
Thézan (de).	1779	*St-Cyr.*	1789
Thezan (de).	1770	*Ec. Milit.*	1780
Thézan (de).	1666	*P. du Roi.*	1684
Thézan de Pujol.	1676	*P. du Roi.*	1692
Thomassy (de).	1764	*Ec. Milit.*	1771
Toulouse de Lautrec.	1769	*P. du Roi.*	1784
Toulouse de Lautrec (de).	1769	*P. du Roi.*	1784
Toulouze de Lautrec (de).	1756	*St-Cyr.*	1766
Trimond (de).	1717	*St-Cyr.*	1728
Tullières (de).	1754	*Ec. Milit.*	1769
Valat de Saint-Roman.	1701	*P. du Roi.*	1717
Valles (de).	1749	*St-Cyr.*	1761

Melun. — Imprimerie de Desrues.

PROVINCE

DE

L'ISLE DE FRANCE.

ISLE DE FRANCE.

AISNE. — OISE. — SEINE. — SEINE-ET-MARNE. — SEINE-ET-OISE — SOMME.

NOMS.	DATE de la naiss[ce].	POSITION.	
Abos de Saint-Hilarion (d').	1675	*St-Cyr.*	1687
Absolu de La Gatine.	1681	*St-Cyr.*	1692
Adonville.	1719	*St-Cyr.*	1
Adonville (d').	1683	*St-Cyr.*	1694
Agard d'Oulins.	1686	*St-Cyr.*	1698
Ailli d'Anneri (d').	1692	*St-Cyr.*	1702
Aldart de Melleville (d').	1723	*St-Cyr.*	1734
Alès de Corbet (d').	1755	*Ec. Milit.*	1766
Alexandre d'Hanaches.	1675	*St-Cyr.*	1686
Allonville (d').	1772	*Ec. Milit.*	1782
Alonville (d').	1733	*P. du Roi.*	1746
Amerval (d').	1765	*Ec. Milit.*	1774
Andrieu de La Houssaie (d').	1713	*St-Cyr.*	17
Angennes (d').	1686	*P. du Roi.*	1701
Anglos d'Héronval.	1684	*P. du Roi.*	1701
Antoine.	1759	*Ec. Milit.*	1768
Arbaleste La Borde.	1685	*P. du Roi.*	1701
Archambault de Languedoüe (d').	1746	*Ec. Milit.*	1755
Ardens (des).	1715	*St-Cyr.*	1724
Arillac (d').	1756	*Ec. Milit.*	1768
Arlanges (d').	1754	*St-Cyr.*	1770
Arnoult de La Fond.	1753	*Ec. Milit.*	1764
Arsonval (d').	1683	*St-Cyr.*	1695
Assigny (d').	174	*St-Cyr.*	1759

NOMS.	DATE de la naissce.	POSITION.	
Attard de Chatou (d').	1742	*St-Cyr.*	1756
Aumale (d').	1728	*St-Cyr.*	1736
Autri (d').	1721	*St-Cyr.*	1732
Auvergne de Gagni (d').	1664	*St-Cyr.*	1686
Auvergne de Gagni (d').	1670	*St-Cyr.*	1686
Auvergne de Gagni (d').	1661	*St-Cyr.*	1686
Auvergne de Gagni (d').	1663	*St-Cyr.*	1686
Auvet (d').	1669	*P. du Roi.*	1685
Auxi (d').	1716	*P. du Roi.*	1734
Averton (d').	1735	*St-Cyr.*	1746
Averton (d').	1759	*St-Cyr.*	1770
Averton (d').	1765	*Ec. Milit.*	1777
Baillon (de).	1674	*St-Cyr.*	1686
Baillon (de).	1672	*St-Cyr.*	1686
Bailly de Saint-Mars.	1718	*P. du Roi.*	1732
Barbier du Mets.	1683	*P. du Roi.*	1697
Barentin.	1756	*St-Cyr.*	1768
Barjot de Carville.	1673	*St-Cyr.*	1686
Bartonnier (de).	1676	*St-Cyr.*	1687
Barville (de).	1690	*P. du Roi.*	1707
Barville (de).	1732	*St-Cyr.*	1740
Barville de Puiselet (de).	1722	*St-Cyr.*	1733
Barville la Gatine du Chatellier.	1709	*St-Cyr.*	1717
Baudart des Landelles.	1696	*St-Cyr.*	1707
Baugi (de).	1706	*P. du Roi.*	1720
Baugi (de).	1710	*P. du Roi.*	1725
Bavi de la Pailleterie.	1701	*St-Cyr.*	1712
Beaujeu (de).	1744	*St-Cyr.*	1755
Beaumaitre (de).	1683	*St-Cyr.*	1694
Beauvais de Voutry (de).	1741	*Ec. Milit.*	1754
Belloi de Buire (de).	1697	*St-Cyr.*	1704
Belloi-Morangle (de).	1686	*St-Cyr.*	1695
Belot de Moulins.	1724	*P. du Roi.*	1740
Bernard de La Hallière (de).	1759	*St-Cyr.*	1770
Bernetz (de).	1765	*P. du Roi.*	1781
Besannes (de).	1666	*P. du Roi.*	1681
Bezannes (de).	1768	*Ec. Milit.*	1778
Beteulat de La Petitière.	1665	*P. du Roi.*	1680
Bétune (de).	1677	*St-Cyr.*	1691
Biet de L'épinoy.	1751	*Ec. Milit.*	1762

NOMS.	DATE de la naissce.	POSITION.	
Billi.	1673	*P. du Roi.*	1687
Billi d'Antilli.	1667	*P. du Roi.*	1684
Billi-Mauregard (de).	1687	*St-Cyr.*	1694
Bizemont (de).	1750	*St-Cyr.*	1760
Bizemont (de).	1752	*St-Cyr.*	1763
Bizemont (de).	1756	*Ec. Milit.*	1770
Blacas d'Aups (de).	1767	*Ec. Milit.*	
Blois de Rubentel (de).	1779	*St-Cyr.*	1789
Blotte Fière (de).	1772	*Enfant-Jésus.*	1783
Blottefière (de).	1746	*Ec. Milit.*	1755
Blottefière (de).	1738	*P. du Roi.*	1752
Blottefière (de).	1734	*P. du Roi.*	1749
Boffle (de).	1688	*St-Cyr.*	1697
Bois de Givri (du).	1668	*P. du Roi.*	1685
Bombelles (de).	1745	*Ec. Milit.*	1756
Bonneval (de).	1751	*St-Cyr.*	1762
Bonneval de Chantambre (de).	1750	*Ec. Milit.*	1760
Boubers (de).	1754	*St-Cyr.*	1763
Boucher d'Orçay.	1748	*Ec. Milit.*	1760
Bouette de Blémur.	1777	*Ec. Milit.*	1786
Bonëtte de Blémur.	1711	*St-Cyr.*	1720
Bougi (de).	1716	*St-Cyr.*	1726
Boulainvilliers (de).	1674	*St-Cyr.*	1686
Boulainvilliers (de).	1675	*St-Cyr.*	1686
Boulainvilliers (de).	1673	*St-Cyr.*	1686
Boulenc de Saint-Remi.	1668	*P. du Roi.*	1684
Boulet de Bonneuil (du).	1767	*Ec. Milit.*	1778
Boulet (du).	1776	*St-Cyr.*	1786
Boulinvilliers (de).	1761	*Ec. Milit.*	1768
Bourdeille (de).	1686	*St-Cyr.*	1694
Bourdin.	1722	*St-Cyr.*	1734
Bourgeois de Vitrai.	1725	*St-Cyr.*	1736
Boutainvilliers (de).	1756	*St-Cyr.*	1768
Bouvier de La Motte.	1760	*Ec. Milit.*	1769
Braudrüil (de).	1745	*Ec. Milit.*	1756
Brenne de Montjai (de).	1688	*P. du Roi.*	1704
Briquemault (de).	1698	*P. du Roi.*	1715
Brunet de Neuilli.	1685	*St-Cyr.*	1694
Brunet de Neuilli (de).	1729	*St-Cyr.*	1739
Buc Richard de Lommoie (du).	1697	*St-Cyr.*	1703

NOMS.	DATE de la naissce.	POSITION.	
Caignet de Friancourt.	1699	*St-Cyr.*	1708
Caillebot de Lasalle (de).	1650	*P. du Roi.*	1668
Callouet (de).	1677	*St-Cyr.*	1686
Calonne d'Avesne (de).	1761	*St-Cyr.*	1772
Capendu de Boursonne.	1695	*P. du Roi.*	1710
Carbonnel (de).	1745	*Ec. Milit.*	1756
Carvoisin (de).	1674	*St-Cyr.*	1688
Carvoisin de Belloi (de).	1698	*St-Cyr.*	1705
Cassant de Chateaupré (de).	1720	*St-Cyr.*	1731
Castre d'Azilli (de).	1717	*St-Cyr.*	1727
Castre (de).	1744	*Ec. Milit.*	1755
Cauchon de Vigneux d'Arci.	1695	*P. du Roi.*	1710
Caulaincour.	1667	*P. du Roi.*	1684
Caulaincour (de).	1708	*P. du Roi.*	1724
Caumont (de).	1689	*St-Cyr.*	1700
Champs de Marcilli (des).	1679	*St-Cyr.*	1687
Charron (de).	1723	*St-Cyr.*	1731
Chateautierri.	1687	*St-Cyr.*	1698
Chaumat.	1771	*Ec. Milit.*	1781
Chavigni (de).	1729	*St-Cyr.*	1741
Chavigni (de).	1736	*St-Cyr.*	1748
Chavigny (de).	1774	*P. du Roi.*	1789
Chavigny (de).	1752	*St-Cyr.*	1764
Chavigny (de).	1760	*Enfant-Jésus.*	1771
Chavigny (de).	1751	*Ec. Milit.*	1760
Chavigny de Courbois (de).	1760	*St-Cyr.*	1772
Chéri (de).	1662	*P. du Roi.*	1681
Chevry (de).	1745	*Ec. Milit.*	1755
Clément de L'Héraule.	1712	*St-Cyr.*	1721
Cléri de Frémainville (de).	1677	*St-Cyr.*	1687
Cléri-Frémainville (de).	1701	*St-Cyr.*	1713
Cléri-Scrans (de).	1698	*St-Cyr.*	1707
Cléri-Sérans de Prennes (de).	1719	*St-Cyr.*	1730
Coigni (de).	1691	*St-Cyr.*	1699
Coigni de Breauté (de).	1674	*St-Cyr.*	1686
Collier de La Marlière.	1745	*Ec. Milit.*	1756
Combaud d Anteuil.	1718	*St-Cyr.*	1730
Compigni (de).	1730	*St-Cyr.*	1739
Conflans-Henencourt.	1692	*St-Cyr.*	1699
Conflans-Saint-Remi.	1682	*St-Cyr.*	1690

NOMS.	DATE de la naiss^ce.	POSITION.	
Conti d'Argicourt (de).	1719	*St-Cyr.*	1730
Corbre de Tour (de).	1709	*P. du Roi.*	1722
Cossart d'Espiais (de).	1677	*St-Cyr.*	1686
Cossart d'Espiés (de).	1765	*Ec. Milit.*	1773
Coulon de Jumonville.	1754	*St-Cyr.*	1762
Coynart.	1758	*Ec. Milit.*	1772
Crémi de Saint-Lieu (de).	1682	*St-Cyr.*	1694
Crousillac (de).	1780	*Ec. Milit.*	1788
Damas des Tournelles (de).	1698	*P. du Roi.*	1714
Dampierre (de).	1775	*P. du Roi.*	1790
Dampont (de).	1756	*Ec. Milit.*	1766
Danquechin.	1783	*Hôp. de Montdidier.*	1790
David de Conflans.	1767	*Ec. Milit.*	1775
David de Perdrauville.	1736	*St-Cyr.*	1745
David de Perdreauville (de).	1773	*St-Cyr.*	1782
David de Perdreauville.	1703	*St-Cyr.*	1714
David de Perdreauville (de).	1776	*P. du Roi.*	1790
Deschamps de Marcilli.	1677	*St-Cyr.*	1687
Doucet de Courtin.	1676	*St-Cyr.*	1686
Doucet de Courtin.	1678	*St-Cyr.*	1686
Dreux de Nancré (de).	1765	*Ec. Milit.*	1775
Drouin de Bouville.	1671	*P. du Roi.*	1688
Echalard de Bourguignière (d').	1773	*Ec. Milit.*	1784
Elbée (d').	1745	*St-Cyr.*	1757
Elbée (d').	1778	*St-Cyr.*	1787
Elbée (d').	1749	*Ec. Milit.*	1760
Ernoult de Pressainville (d').	1714	*St-Cyr.*	1724
Escorches du Mesnil-Sainte-Croix (d').	1706	*St-Cyr.*	1716
Estrés de Marnai (d').	1714	*St-Cyr.*	1725
Farieux de Maulde (de).	1765	*Ec. Milit.*	1775
Felins (de).	1664	*P. du Roi.*	1679
Féra de Rouville.	1713	*St-Cyr.*	1720
Fera de Rouville.	1667	*P. du Roi.*	1682
Fera de Rouville (de).	1707	*P. du Roi.*	1724
Ferrand.	1725	*St-Cyr.*	1736
Feuquières (de).	1748	*St-Cyr.*	1760
Ficte de Souci (de).	1723	*St-Cyr.*	1735
Ficte de Soucy (de).	1779	*St-Cyr.*	1786
Flavigni d'Ernanssart (de).	1699	*St-Cyr.*	1710
Flavigni d'Ernanssart (de).	1688	*P. du Roi.*	1704

NOMS.	DATE de la naissce.	POSITION.	
Flavigny (de).	1731	*P. du Roi.*	1747
Fontaine du Bois-Josse (de).	1708	*St-Cyr.*	1716
Fontenay de La Noue.	1721	*P. du Roi.*	1738
Forget (de).	1675	*P. du Roi.*	1693
Fossés (des).	1721	*P. du Roi.*	1737
Fotereau.	1683	*St-Cyr.*	1692
Fougen d'Escures.	1685	*P. du Roi.*	1701
Fouilleuse de Flavacourt.	1674	*P. du Roi.*	1689
France (de).	1777	*Ec. Milit.*	1786
Fresnoy (de).	1695	*St-Cyr.*	1703
Fresnoy (de).	1732	*P. du Roi.*	1747
Friches des Bordes (de).	1665	*P. du Roi.*	1680
Furet de Cernay.	1751	*St-Cyr.*	1762
Fusée de Voisenon.	1673	*P. du Roi.*	1690
Gaing-Linards et Availles.	1683	*St-Cyr.*	1693
Garraut de Blainville.	1702	*St-Cyr.*	1711
Gonnelieu (de).	1674	*St-Cyr.*	1687
Goulais (de).	1687	*St-Cyr.*	1695
Gourdou (de).	1765	*Ec. Milit.*	1773
Grieu (de).	1768	*St-Cyr.*	1777
Gueuly de Rumigni (de).	1711	*St-Cyr.*	1720
Guillebon (de).	1756	*Ec. Milit.*	1767
Guiri de Chaumont (de).	1718	*St-Cyr.*	1727
Guiri de Chaumont (de).	1683	*P. du Roi.*	1699
Hacqueville (de).	1718	*St-Cyr.*	1727
Haï du Chatelet.	1679	*P. du Roi.*	1694
Hallot.	1667	*P. du Roi.*	1684
Hallot (de).	1765	*St-Cyr.*	17
Hastrel de Rivedoux (d').	1766	*Ec. Milit.*	1774
Hedouville (de).	1731	*St-Cyr.*	1731
Helldorff (de).	1750	*St-Cyr.*	1758
Hennequin-Ecville-Brézoles.	1684	*P. du Roi.*	1699
Hemeri (d').	1676	*St-Cyr.*	1686
Hibon de Bagni.	1687	*St-Cyr.*	1695
Hibon de Bagni.	1687	*St-Cyr.*	1696
Hozier (d').	1711	*St-Cyr.*	1721
Hozier (d').	1682	*St-Cyr.*	1689
Huault de Bernay.	1732	*St-Cyr.*	1743
Hurtebize (d').	1743	*St-Cyr.*	1753
Jay (du).	1766	*St-Cyr.*	1775

NOMS.	DATE de la naissce	POSITION.	
Joigni-Blondel de Bellebrune.	1691	*St-Cyr.*	1701
Jordi de Cabanac (de).	1685	*P. du Roi.*	1703
Jouënne d'Esgrigni (de).	1755	*Ec. Milit.*	1765
La Barre de Martigni (de).	1723	*St-Cyr.*	1732
La Barre de Martigni (de).	1740	*St-Cyr.*	1750
La Brouë de Vareilles (de).	1764	*St-Cyr.*	
La Chaussée de Boisville (de).	1687	*P. du Roi.*	1703
La Cour-Belleroi (de).	1694	*P. du Roi.*	1710
La Croix (de).	1737	*St-Cyr.*	1749
La Fons de Saint-Algis (de).	1763	*Ec. Milit.*	1772
La Fontaine Bitoi.	1688	*St-Cyr.*	1698
La Fontaine d'Halencourt (de).	1687	*P. du Roi.*	1703
Lallemand de Doismillon.	1762	*Ec. Milit.*	1772
La Meusnière La Monie (de).	1707	*St-Cyr.*	1719
La Motte Saint-Pierre (de).	1678	*St-Cyr.*	1687
La Roche La Barthe.	1715	*St-Cyr.*	1723
La Rochelainbert (de).	1746	*St-Cyr.*	1758
La Roche Lambert (de).	1701	*St-Cyr.*	1712
La Roche Lambert (de).	1738	*P. du Roi.*	1752
La Salle de Carrières (de).	1690	*P. du Roi.*	1709
Le Boults.	1680	*P. du Roi.*	1695
Le Charron de Beaupré.	1753	*St-Cyr.*	1765
Le Cordelier des Fourneaux.	1770	*Ec. Milit.*	1780
Le Clerc de Fleurigni.	1713	*St-Cyr.*	1721
Le Febvre de La Barre.	1739	*St-Cyr.*	1751
Legret de Maisonneuve (de).	1739	*St.-Cyr.*	1748
Le Père de Maroles.	1693	*St-Cyr.*	1705
Le Rahier des Bordes.	1756	*Ec. Milit.*	1766
Le Roi de Jumelles.	1717	*St-Cyr.*	1729
Le Roi d'Olibon.	1699	*St-Cyr.*	1708
Lesguise d'Aigremont.	1751	*Ec. Milit.*	1762
Le Vasseur d'Armanville.	1701	*St-Cyr.*	1708
Le Vion de Gaillon.	1690	*St-Cyr.*	1702
Ligni (de).	1681	*P. du Roi.*	1698
Ligni (de).	1715	*P. du Roi.*	1731
Longueil-Beauvergers (de).	1705	*P. du Roi.*	1725
Machault (de).	1744	*St-Cyr.*	1751
Machaut (de).	1674	*P. du Roi.*	1689
Marle de La Martinière (de).	1724	*St-Cyr.*	1735
Marle La Falaise (de).	1692	*P. du Roi.*	1709

NOMS	DATE de la naissce.	POSITION.	
Marte d'Ansigni (de).	1721	*St-Cyr.*	1731
Mazencourt (de).	1721	*St-Cyr.*	1728
Melin (de).	1689	*St-Cyr.*	1698
Moges de Coulonges (de).	1679	*P. du Roi.*	1694
Molin (du).	1691	*St-Cyr.*	1702
Monssures (de).	1720	*St-Cyr.*	1732
Mont de Beaulieu (du).	1761	*Ec. Milit.*	1770
Montléon (de).	1682	*P. du Roi.*	1697
Montléon (de).	1601	*St-Cyr.*	1702
Montlezun de Busca (de).	1675	*P. du Roi.*	1692
Monstiers de Merinville (des).	1683	*St-Cyr.*	1690
Montiers (de).	1685	*St-Cyr.*	1693
Mornay (de).	1673	*St-Cyr.*	1688
Mornai-Ambleville.	1672	*St-Cyr.*	1688
Mornai-Ambleville.	1673	*St-Cyr.*	1690
Mornai Montchevreuil.	1687	*St-Cyr.*	1696
Mornay (de).	1697	*St-Cyr.*	1708
Mornay d'Hangest (de).	1754	*St-Cyr.*	1764
Myre (de).	1751	*St-Cyr.*	1759
Orillac (d').	1778	*St-Cyr.*	1786
Orillac (d').	1746	*St-Cyr.*	1757
Pampelume (de).	1765	*P. de la Reine.*	1779
Passage de Callouët (du).	1721	*St-Cyr.*	1729
Passage (du).	1690	*St-Cyr.*	1701
Pastey du Coudrai (de).	1746	*P. du Roi.*	1760
Pastour (de).	1707	*St-Cyr.*	1717
Pellegrain de Lestang.	1756	*Ec. Milit.*	1770
Pertuis (de).	1716	*P. du Roi.*	1740
Picon-d'Andrezel.	1757	*Ec. Milit.*	1766
Poilloue de Saint-Mars (de).	1736	*St-Cyr.*	1743
Poison du Menil.	1683	*St-Cyr.*	1690
Pompery (de).	1749	*Ec. Milit.*	1759
Portail.	1666	*P. du Roi.*	1683
Prévost de La Bretonnière.	1725	*St-Cyr.*	
Prez d'Andrivon (de).	1757	*Ec. Milit.*	1768
Prez de La Querie (de).	1703	*St-Cyr.*	1711
Prez de La Queue (de).	1743	*P. du Roi.*	1758
Proisy (de).	1751	*St-Cyr.*	1762
Proizi (de).	1682	*St-Cyr.*	1693
Prunelé (de).	1724	*St-Cyr.*	1731

Melun. — Imprimerie de Desrues.

PROVINCES

DE

LORRAINE ET CHAMPAGNE.

LORRAINE ET CHAMPAGNE.

ARDENNES. — AUBE. — HAUTE-MARNE. — MARNE. — MOSELLE. — MEURTHE. — MEUSE. — VOSGES.

NOMS.	DATE de la naiss[ce].	POSITION.	
Aboville (d').	1769	*Ec. Milit.*	1780
Aguisy (d').	1747	*St-Cyr.*	1759
Aguisy (d').	1756	*Ec. Milit.*	1770
Alichamp (d').	1686	*St-Cyr.*	1699
Ambli (d').	1719	*St-Cyr.*	1730
Ambli (d').	1711	*P. du Roi.*	1728
Ambli (d').	1720	*P. du Roi.*	1736
Ambli d'Esevilles (d').	1707	*St-Cyr.*	1717
Ancherins (des).	1735	*St-Cyr.*	1745
Andras.	1763	*St-Cyr.*	1774
Arbois de Jubainville (d').	1771	*Ec. Milit.*	1782
Argy de Malmy (d').	1779	*Ec. Milit.*	1787
Arnoult de Fontenay (d').	1755	*St-Cyr.*	1766
Arras de Prouilli (d').	1719	*St-Cyr.*	1728
Arras d'Haudreci (d').	1703	*St-Cyr.*	1714
Aspremont de Vandy (d').	1746	*Ec. Milit.*	1756
Aulnay (d').	1759	*Ec. Milit.*	1769
Aulnay (d').	1756	*Ec. Milit.*	1770
Aunai (d').	1704	*St-Cyr.*	1712
Autri de Rone (d').	1669	*P. du Roi.*	1687
Balathier de Bragelogne (de).	1771	*Ec. Milit.*	1782
Bannerot de Criviller (de).	1778	*Ec. Milit.*	1786
Barrat de Boncourt (de).	1728	*St-Cyr.*	1740
Barbin de Broyes d'Autry.	1748	*P. du Roi.*	1760

NOMS.	DATE de la naiss^ce.	POSITION.	
Barbuat de Maisonrouge (de).	1738	*Ec. Milit.*	1753
Barrois de Manonville (de).	1764	*Ec. Milit.*	1773
Battincourt (de).	1763	*Ec. Milit.*	1771
Baussancourt (de).	1713	*St-Cyr.*	1725
Baussancourt (de).	1772	*St-Cyr.*	1780
Bauvière (de).	1676	*St-Cyr.*	1686
Bauvière (de).	1776	*Ec. Milit.*	1786
Beaufort La Naux (de).	1710	*St-Cyr.*	1721
Beaujeu-Jauge (de).	1712	*St-Cyr.*	1724
Beaumont de Clavy (de).	1767	*St-Cyr.*	1777
Beaurepaire (de).	1743	*Ec. Milit.*	1754
Beffroy (de).	1745	*Ec. Milit.*	1756
Belchamps (de).	1769	*Ec. Milit.*	1780
Belin (de saint).	1718	*St-Cyr.*	1729
Bellangers de Rebourceaux (de)	1756	*Ec. Milit.*	1766
Bellangers de Rebourceaux (de).	1779	*St-Cyr.*	1787
Bellenger de Thourotte (de).	1767	*Ec. Milit.*	1775
Béraud de Courville.	1698	*St-Cyr.*	1709
Berei (de).	1678	*St-Cyr.*	1686
Berey de Vaudes (de).	1775	*St-Cyr.*	1785
Berle (de).	1697	*St-Cyr.*	1707
Bermondes de Goncourt (de).	1745	*Ec. Milit.*	1756
Bezannes.	1667	*P. du Roi.*	1681
Bezannes de Prouvay (de).	1740	*P. du Roi.*	1754
Biencourt (de).	1729	*St-Cyr.*	1739
Bigault de Grandrut.	1746	*St-Cyr.*	1757
Bigot (de).	1777	*St-Cyr.*	1786
Blair (de).	1766	*Ec. Milit.*	1777
Blair (de).	1758	*Ec. Milit.*	1772
Blaizel (du).	1686	*St-Cyr.*	1696
Blaizel de La Neuville (du)	1718	*St-Cyr.*	1727
Blois de Licour (de).	1761	*Ec. Milit*	1770
Boisguerin (du).	1764	*St-Cyr.*	1775
Bombelles (de).	1750	*St-Cyr.*	1759
Bombelles (de).	1743	*St-Cyr.*	1751
Bondaire (de).	1743	*Ec. Milit.*	1755
Boucher d'Avançon (de).	1771	*Ec. Milit.*	1782
Boucher (de).	1771	*Ec. Milit.*	1782
Boucher de Flogni.	1684	*St-Cyr.*	1695
Boucher de Morlaincourt.	1756	*Ec. Milit.*	1770

NOMS.	DATE de la naiss^ce.	POSITION.	
Boulard (de).	1774	*St-Cyr.*	1784
Bourdin de Vilaines.	1686	*St-Cyr.*	1695
Bourgogne (de).	1757	*Ec. Milit.*	1769
Bournonville (de).	1742	*St-Cyr.*	1754
Bouvet.	1743	*St-Cyr.*	1754
Bouvet.	1754	*St-Cyr.*	1763
Braux (de).	1743	*St-Cyr.*	1755
Brie-Courtival (de).	1707	*St-Cyr.*	1718
Broussel de La Neuville (de).	1737	*P. du Roi.*	1753
Brunel (de).	1752	*Ec. Milit.*	1762
Brunet (de).	1774	*St-Cyr.*	1784
Brunet de Delouze (de).	1767	*Ec. Milit.*	1777
Bugnot de Farcemont.	1743	*St-Cyr.*	1754
Bugnot de Faremont.	1777	*St-Cyr.*	1784
Bugnot de Farémont.	1742	*Ec. Milit.*	1754
Busselot (de).	1778	*Ec. Milit.*	1787
Buzelet (de).	1769	*St-Cyr.*	
Cachedenier de Vassimon.	1771	*Ec. Milit.*	1781
Cachedenier de Vassimont.	1744	*St-Cyr.*	1754
Cachedenier de Vassimont.	1771	*St-Cyr.*	1781
Caillou de Valmont.	1763	*Ec. Milit.*	1772
Canelle.	1755	*Ec. Milit.*	1769
Canelle de La Lobbe.	1765	*Ec. Milit.*	1774
Canon de Ville (de).	1770	*Ec. Milit.*	1778
Cantwel.	1775	*Ec. Milit.*	1785
Cappy (de).	1771	*Ec. Milit.*	1780
Cauchon de La Somièvre.	1712	*P. du Roi.*	1728
Ceuillet (de).	1780	*St-Cyr.*	1790
Chailly.	1778	*Ec. Milit.*	1786
Challemaison (de).	1770	*St-Cyr.*	1780
Challemaison (de).	1734	*St-Cyr.*	1742
Chamissot de Boncourt (de).	1738	*P. du Roi.*	1753
Chamissot (de).	1777	*St-Cyr.*	1786
Chamissot (de).	1767	*Ec. Milit.*	1777
Chamissot de Boncourt (de).	1769	*P. du Roi.*	1783
Chamissot de Boncourt (de).	1774	*P. du Roi.*	1789
Champagne (de).	1742	*St-Cyr.*	1749
Champagne-Morsains (de).	1704	*St-Cyr.*	1715
Champeaux (de).	1770	*Enfant-Jésus.*	1782
Champs de Marcilli (des).	1675	*St-Cyr.*	1686

NOMS.	DATE de la naiss^ce.	POSITION.	
Chartogne (de).	1776	*Ec. Milit.*	1785
Chastenay (de).	1690	*P. du Roi.*	1706
Chermont (de).	1740	*St-Cyr.*	1752
Chermont (de).	1741	*Ec. Milit.*	1753
Chermont (de).	1738	*St-Cyr.*	1750
Chermont (de).	1741	*Ec. Milit.*	1753
Chesne (du).	1762	*Ec. Milit.*	1771
Choiseul-Beaupré (de).	1720	*St-Cyr.*	1729
Choiseul (de).	1685	*St-Cyr.*	1695
Choiseul (de).	1675	*St-Cyr.*	1686
Cholet (de).	1750	*St-Cyr.*	1761
Circourt (de).	1730	*St-Cyr.*	1739
Circourt (de).	1767	*Ec. Milit.*	1778
Clebtattel de Cernay (de).	1768	*Ec. Milit.*	1778
Clouet (de).	1751	*Ec. Milit.*	1762
Clozier.	1772	*Ec. Milit.*	1782
Cocqueborne de Villeneuve (de).	1721	*St-Cyr.*	1733
Cognon (de).	1746	*Ec. Milit.*	1754
Collinet de La Salle.	1746	*Ec. Milit.*	1756
Colliquet de Levoncourt (de).	1762	*St-Cyr.*	1771
Colliquet de Lévoncourt (de).	1762	*St-Cyr.*	1771
Collot de Saulx (de).	1766	*Ec. Milit.*	1777
Compigny des Bordes (de).	1779	*Ec. Milit.*	1788
Conflans de Champlin (de).	1718	*St-Cyr.*	1727
Corvisart (de).	1758	*Ec. Milit.*	1772
Couet du Vivier de Lorry.	1772	*St-Cyr.*	17
Courtois (de).	1747	*Ec. Milit.*	1756
Coucy (de).	1764	*St-Cyr.*	1772
Coussy (de).	1748	*St-Cyr.*	1759
Crespin d'Huart.	1777	*Ec. Milit.*	1786
Croix de Brumet (de).	1758	*Ec. Milit.*	1772
Cuigy (de).	1756	*St-Cyr.*	1768
Curel (de).	1779	*Ec. Milit.*	1787
Custine (de).	1774	*Ec. Milit.*	178
Dalle (de).	1730	*St-Cyr.*	1738
Damoiseau de La Bande.	1758	*Ec. Milit.*	1772
Dattel de Luttange.	1745	*Ec. Milit.*	1756
Davi de La Paillerie.	1695	*P. du Roi.*	1710
Dompierre de Bocange (de).	1672	*St-Cyr.*	1686
Droñart.	1741	*St-Cyr.*	1758

NOMS.	DATE de la naissce.	POSITION.	
Drouart.	1745	*Ec. Milit.*	1756
Drouart de Lezey.		*Ec. Milit.*	
Errard (d').	1777	*Ec. Milit.*	1787
Espinette (d').	1756	*Ec. Milit.*	1766
Estoquois (d').	1772	*Ec. Milit.*	1782
Estous de Pradines (d').	1685	*P. du Roi.*	1701
Esvelles, seigneur de La Cour du Terrier (d').	1706	*St-Cyr.*	1718
Fabert (de .	1766	*St-Cyr.*	1776
Failli (de).	1687	*St-Cyr.*	1697
Faillonnet (de).	1773	*Ec. Milit.*	1783
Failly (de).	1780	*Ec. Milit.*	1788
Failly (de).	1751	*St-Cyr.*	1762
Fay d'Arbies (du).	1724	*St-Cyr.*	1733
Feligny d'Hennemont (de).	1770	*Ec. Milit.*	1781
Féret (de).	1767	*Ec. Milit.*	1778
Féret (de).	1773	*St-Cyr.*	1783
Fériet (de .	1776	*Ec. Milit.*	1785
Fériet (de).	1750	*St-Cyr.*	1761
Fermont (de).	1768	*P. du Roi.*	1784
Ficquelmont (de).	1780	*Enfant-Jésus.*	1790
Ficquelmont (de).	1777	*Ec. Milit.*	1786
Finances (de).	1714	*St-Cyr.*	1776
Florentin de Courcelle (de).	1760	*Ec. Milit.*	1768
Forget de Barst.	1772	*St-Cyr.*	
Forget de Barst.	1757	*Ec. Milit.*	1768
Fougère Courlandon (de).	1711	*St-Cyr.*	1722
Fourier.	1780	*Ec. Milit.*	1788
Framery (de).	1783	*Enfant-Jésus.*	1790
France (de).	1762	*Ec. Milit.*	1771
France (de).	1770	*St-Cyr.*	
Frédi de Coubertin.	1713	*St-Cyr.*	1721
Frémyn de Fontenille.	1758	*Ec. Milit.*	1772
Fresne (de).	1704	*St-Cyr.*	1713
Fresne (de).	1754	*St-Cyr.*	1761
Fresne (de).	1765	*St-Cyr.*	1775
Fresne (de).	1768	*Ec. Milit.*	1778
Fresne (de).	1780	*St-Cyr.*	1790
Friant d'Alincourt.	1744	*St-Cyr.*	1755
Frizon de La Motte.	1774	*Ec. Milit.*	1785
Froideau (de).	1682	*St-Cyr.*	1693

NOMS.	DATE de la naissce.	POSITION.	
Gallois de Hautecour (de).	1759	*Ec. Milit.*	1769
Gaucher.	1756	*Ec. Milit.*	1767
Gaudel de Nomexy.	1771	*Ec. Milit.*	1782
Gauline (de).	1774	*Ec. Milit.*	1784
Gérard de Saint Amand (de).	1741	*Ec. Milit.*	1753
Gernay de Cirfontaine (de).	1768	*Ec. Milit.*	1768
Godet de Vadenai.	1721	*P. du Roi.*	1734
Gondrecourt (de).	1761	*Ec. Milit.*	1770
Gourci de Charci (de).	1716	*St-Cyr.*	
Gourcy (de).	1756	*Ec. Milit.*	1767
Grandemange d'Anderny (de).	1776	*Ec. Milit.*	1786
Gray de Flevy (de).	1755	*St-Cyr.*	1764
Gray de Flevy (de).	1757	*Ec. Milit.*	1771
Gretz (du).	1774	*Hopit. Montdidier.*	1786
Grui de Verloin (de).	1715	*St-Cyr.*	1723
Guenichon de Blumère.	1674	*St-Cyr.*	1686
Guérin de Brulard.	1701	*St-Cyr.*	1712
Guérin de Bruslart (de).	1751	*Ec. Milit.*	1760
Guérin de Fleury (de).	1750	*St-Cyr.*	1761
Guérin de La Marche.	1771	*Ec. Milit.*	17
Guiots (des).	1778	*St-Cyr.*	1788
Hamel de Bourseville (du).	1676	*St-Cyr.*	1687
Han de Crèvecœur (du).	1701	*St-Cyr.*	1710
Han de Crèvecœur (du).	1742	*St-Cyr.*	1754
Hangest (de).	1742	*St-Cyr.*	1754
Haranguier (d').	1765	*Ec. Milit.*	1777
Hault de Malaviller (de).	1751	*Ec. Milit.*	1761
Hautoy (du).	1767	*Ec. Milit.*	1777
Hazeville (de).	1776	*St-Cyr.*	1776
Héeré (de).	1694	*St-Cyr.*	1702
Hennin-Lietart.	1668	*P. du Roi.*	1684
Hoffelize (d').	1739	*P. du Roi.*	1755
Houx de Viomesnil (du).	1730	*St-Cyr.*	1742
Huei (d').	1685	*St-Cyr.*	1695
Hugo de Spitzemberg.	1771	*St-Cyr.*	
Ivory (d').	1744	*Ec. Milit.*	1754
Kagueneck (de).	1742	*Ec. Milit.*	1754
La Bruyère (de).	1755	*Ec. Milit.*	1769
La Bruyère (de).	1703	*St-Cyr.*	1714
La Bruyère (de).	1735	*P. du Roi.*	1750

NOMS.	DATE de la naiss^{ce}.	POSITION.	
La Bruyère (de).	1751	*St-Cyr.*	1762
La Chevardière.	1679	*St-Cyr.*	1688
La Fontaine (de).	1733	*St-Cyr.*	1743
La Fitte de Pellepore (de).	1754	*Ec. Milit.*	1764
Laillou de Valmont (de).	1768	*Ec. Milit.*	1778
Lallemand (de).	1756	*Ec. Milit.*	1767
L'Allemant (de).	1750	*Ec. Milit.*	1760
Lambertie (de).	1772	*Ec. Milit.*	1783
Lamesan.	1666	*P. du Roi.*	1684
La Morre (de).	1775	*Ec. Milit.*	1785
La Personne (de).	1748	*St-Cyr.*	1759
La Planche de Mortières (de).	1772	*P. du Roi.*	1785
Lardenois de Bolandre (de).	1747	*P. du Roi.*	1762
La Rivière (de).	1773	*Ec. Milit.*	1782
La Rue de Fresnay (de).	1747	*Ec. Milit.*	1760
La Rue de La Grange (de).	1713	*St-Cyr.*	1723
La Tour du Mesnil (de).	1747	*Ec. Milit.*	1756
Le Chartreux de Monzeville.	1751	*Ec. Milit.*	1762
Le Court de Bern.	1755	*Ec. Milit.*	1770
Le Duchat.	1765	*Ec. Milit.*	1774
Le Febvre de Ladonchamps.	1778	*Ec. Milit.*	1787
Le Gatelier.	1687	*St-Cyr.*	1698
Le Gras de Vaubercei.	1705	*St-Cyr.*	1717
Le Gras de Vaubercey.	1766	*St-Cyr.*	1776
Le Lieur de Ville-sur-Arce.	1765	*Ec. Milit.*	1774
Le Lieur de Ville-sur-Arce.	1774	*St-Cyr.*	1783
L'empereur de Morfontaine.	1755	*St-Cyr.*	1766
Le Page de Fréci.	1724	*St-Cyr.*	1735
Le Petit de Brauvilliers.	1767	*Ec. Milit.*	1775
Le Petit de Brauvilliers.	1770	*St-Cyr.*	1779
Le Picard d'Ageville.	1719	*Enfant-Jésus.*	1734
Le Picard d'Ageville.	1760	*Ec. Milit.*	1760
Le Picard d'Agneville.	1757	*St-Cyr.*	1768
Le Roy de La Grange.	1748	*St-Cyr.*	1760
Lescale (de).	1766	*St-Cyr.*	1777
Lescale (de).	1773	*St-Cyr.*	1782
L'escuyer de Montigni (de).	1732	*St-Cyr.*	1740
Le Sueur de Givry.	1770	*Ec. Milit.*	1780
Le Vasseur.	1760	*Ec. Milit.*	1770
Ligneville (de).	1737	*St-Cyr.*	1745

NOMS.	DATE de la naissce.	POSITION.	
Limosin d'Alheim (de).	1752	*St-Cyr.*	1763
Lion de Rochefort (du).	1759	*Ec. Milit.*	1770
Lombard de Combles.	1745	*Ec. Milit.*	1755
Lombard de Combles.	1780	*St-Cyr.*	1790
Longeaux (de).	1767	*Ec. Milit.*	1775
Longeville.	1687	*St-Cyr.*	1698
Ludres.	1679	*St-Cyr.*	1687
Lux de Ventelet (de).	1695	*St-Cyr.*	1705
Lyver de Brévannes.	1760	*St-Cyr.*	1771
Maillard de Landreville.	1769	*P. du Roi.*	1783
Maillet (de).	1740	*St-Cyr.*	1749
Maillet (de).	1767	*Ec. Milit.*	1777
Maizières (de).	1779	*Hôp. de Montdidier.*	1789
Maizières de Maisoncelles (de).	1726	*St-Cyr.*	1734
Maltzem (de).	1742	*St-Cyr.*	1753
Maltzem (de).	1748	*Ec. Milit.*	1760
Marguenat (de).	1765	*St-Cyr.*	1775
Maubeuge d'Herbigny (de).	1754	*Ec. Milit.*	1770
Mauléon (de).	1768	*St-Cyr.*	1776
Mecquenen (de).	1744	*P. de la Dauphine.*	1758
Mecquenem (de).	1779	*St-Cyr.*	1789
Mecquenem d'Artaire (de).	1773	*P. du Roi.*	1789
Mecqnenem-d'Artaize (de).	1758	*P. de la Dauphine.*	1772
Mesgrigni (de).	1696	*St-Cyr.*	1708
Messey (de).	1746	*St-Cyr.*	1758
Messey (de).	1748	*Ec. Milit.*	1757
Minette (de).	1744	*St-Cyr.*	1753
Minette de Beaujeu (de).	1748	*Ec. Milit.*	1752
Myon de Gombervaux (de).	1740	*St-Cyr.*	1752
Myon de Gombervaux (de).	1745	*Ec. Milit.*	1756
Myon de Gombervaux (de).	1693	*St-Cyr.*	1702
Miscault (de).	1765	*Ec. Milit.*	1777
Mongeot d'Hermonville (de).	1746	*Ec. Milit.*	1756
Mongeot-d'Hermonville (de).	1737	*St-Cyr.*	1748
Montarby de Dampierre (de).	1769	*Ec. Milit.*	1780
Mont de Signeville (du).	1755	*St-Cyr.*	1766
Mont de Signeville (du).	1773	*Ec. Milit.*	1784
Montfort (de).	1740	*Ec. Milit.*	1753
Montfort (de).	1688	*P. du Roi.*	1703
Montfort (de).	1729	*St-Cyr.*	1740

NOMS.	DATE de la naiss^ce.	POSITION.	
Montigni (de).	1723	*St-Cyr.*	1732
Montigny (de).	1765	*Ec. Milit.*	1773
Mosny (de).	1749	*Ec. Milit.*	1761
Mussan (de).	1753	*St-Cyr.*	1765
Mussen (de).	1716	*St-Cyr.*	1727
Mussey (de).	1774	*Ec. Milit.*	1784
Niceville (de).	1749	*Ec. Milit.*	1760
Nettancourt (de).	1739	*St-Cyr.*	1749
Nevon de Soisy (de).	1768	*Ec. Milit.*	1778
Nogent (de).	1773	*P. de la Reine.*	1788
Nouë (de).	1729	*St-Cyr.*	1737
Nouë de Vilers.	1707	*St-Cyr.*	1716
Orte-Falaise (d').	1678	*St-Cyr.*	1687
Parchappe.	1749	*Ec. Milit.*	1761
Parchappe de Vinay.	1740	*St-Cyr.*	1748
Paviot (de).	1745	*Ec. Milit.*	1756
Person de Grandchamp.	1757	*Ec. Milit.*	1771
Petremand (de).	1754	*St-Cyr.*	1766
Picot d'Aguizi.	1687	*St-Cyr.*	1696
Picot de Combreux.	1718	*P. du Roi.*	1735
Picot de Moras.	1767	*Ec. Milit.*	1775
Piédefer (de).	1676	*St-Cyr.*	1686
Piétrequin de Mons.	1683	*St-Cyr.*	1694
Poirson (de).	1766	*Ec. Milit.*	1774
Pont de Bourgneuf (du).	1721	*St-Cyr.*	1732
Pont de Bourgneuf (du).	1702	*St-Cyr.*	1713
Ponts de Rempont (de).	1676	*St-Cyr.*	1687
Poterat.	1743	*P. du Roi.*	1756
Pouilli (de).	1702	*P. du Roi.*	1717
Pouilly (de).	1742	*P. du Roi.*	1758
Privé (de saint-).	1779	*Ec. Milit.*	1787
Privé (de saint-).	1720	*St-Cyr.*	1729
Prons de Pralaise (de).	1771	*P. du Roi.*	1785
Quentin (de saint-).	1775	*St-Cyr.*	1785
Quentin (de saint-).	1744	*St-Cyr.*	1755
Ragecour.	1687	*St-Cyr.*	1698
Raguet de Fossé (de).	1743	*Ec. Milit.*	1755
Raillard de Prauthoy (de).	1756	*Ec. Milit.*	1767
Randenraedt de Mandre (de).	1750	*Ec. Milit.*	1761
Rémond (de).	1728	*P. du Roi.*	1742

NOMS.	DATE de la naiss^ce.	POSITION.	
Rémond du Mesnil (de).	1774	*Ec. Milit.*	1783
Rémont (de).	1722	*St-Cyr.*	1732
Rémont de Radouai.	1674	*St-Cyr.*	1687
Richard de Batilly.	1741	*Ec. Milit.*	1754
Robert d'Hurcourt.	1776	*Ec. Milit.*	1786
Robert du Châtelet (de).	1759	*Ec. Milit.*	1767
Robert du Châtelet (de).	1767	*St-Cyr.*	1777
Roger de Fontenay.	1756	*Ec. Milit.*	1768
Roger de Vavincourt.	1768	*Ec. Milit.*	1780
Rommecourt (de).	1679	*St Cyr.*	1687
Rommecourt-Suzemont (de).	1709	*St-Cyr.*	1721
Roquefeuil de Puidebars (de).	1682	*St-Cyr.*	1690
Rortais (de).	1675	*St-Cyr.*	1687
Rosières de La Croix (de).	1695	*St-Cyr.*	1705
Rossel (de).	1756	*Ec. Milit.*	1770
Rouci (de).	1707	*St-Cyr.*	1717
Rouci-Maure-Termes et Villette (de).	1689	*St-Cyr.*	1697
Roucy (de).	1780	*Ec. Milit.*	1788
Roucy (de).	1747	*P. du Roi.*	1761
Roucy (de).	1749	*St-Cyr.*	1760
Roüot.	1749	*Ec. Milit.*	1760
Royer de Fontenay.	1756	*Ec. Milit.*	1768
Sacquespée.	1688	*St-Cyr.*	1698
Sacquespée (de).	1703	*St-Cyr.*	1711
Saguez de Breuvery.	1758	*Ec. Milit.*	1772
Saillant (de).	1740	*St-Cyr.*	1749
Sainetignon (de).	1766	*Ec. Milit.*	1778
Sales (des).	1676	*St-Cyr.*	1687
Saucière de Ténance (de).	1746	*P. du Roi.*	1760
Schwilgué (de).	1746	*Ec. Milit.*	1755
Senault.	1777	*Ec. Milit.*	1788
Serre (de).	1779	*Ec. Milit.*	1788
Silly (de).	1758	*Ec. Milit.*	1772
Simony (de).	1757	*Ec. Milit.*	1767
Sous (de).	1767	*St-Cyr.*	1777
Sugni (de).	1718	*P. du Roi.*	1733
Tabouret de Grespi (de).	1749	*Ec. Milit.*	1760
Thiballier de Bommarie (de).	1772	*Ec. Milit.*	1782
Thierry (de).	1753	*Ec. Milit.*	1765
Thouvenin d'Hamonville (de).	1750	*Ec. Milit.*	1761

NOMS.	DATE de la naiss^ce.	POSITION.	
Thouvenot de Fleury.	1767	*P. du Roi.*	1778
Thumery d'Essegney (de).	1765	*Ec. Milit.*	1774
Trestondan (de).	1719	*St-Cyr.*	1731
Urre (d').	1747	*St-Cyr.*	1757
Val de Dampierre (du).	1745	*P. du Roi.*	1759
Val de Dampierre (du).	1692	*P. du Roi.*	1707
Val de Rivière (du).	1693	*P. du Roi.*	1710
Val de Thaas (du).	1766	*Ec. Milit.*	1777
Varange (de).	1779	*Ec. Milit.*	1788
Varanges (de).	1768	*St-Cyr.*	1778
Vassan (de).	1738	*P. du Roi.*	1754
Vassan (de).	1747	*P. du Roi.*	1762
Vassart (de).	1767	*Ec. Milit.*	1777
Vassart (de).	1769	*Ec. Milit.*	1780
Vassaux (de).	1740	*Ec. Milit.*	1753
Vauclerois de Neuflize (de).	1755	*Ec. Milit.*	1770
Vaulx d'Achy (de).	1756	*St-Cyr.*	1768
Vaulx d'Achyné (de).	1765	*Ec. Milit.*	1777
Vaveray de Monnoir (de).	1779	*Ec. Milit.*	1789
Vendières (de).	1762	*Ec. Milit.*	1770
Vidrange (de).	1778	*Ec. Milit.*	1787
Vieils-Maisons (de).	1676	*St-Cyr.*	1686
Vienne (de).	1751	*P. du Roi.*	1766
Vignacour.	1682	*St-Cyr.*	1699
Vignacourt (de).	1682	*P. du Roi.*	1699
Villancourt (de).	1753	*Ec. Milit.*	1764
Villemort (de).	1743	*P. du Roi.*	1758
Villongue (de).	1731	*P. du Roi.*	1748
Villelongue (de).	1753	*Ec. Milit.*	1764
Villelongue (de).	1734	*St-Cyr.*	
Villelongue de Saint-Morel (de).	1755	*St-Cyr.*	1764
Villiers de l'Isle-Adam (de).	1762	*Ec. Milit.*	1771
Villiers d'Escordat (de).	1771	*Ec. Milit.*	1781
Violaine (de).	1741	*St-Cyr.*	1753
Vossey (de).	1765	*Ec. Milit.*	1773
Zeddes (de).	1753	*Ec. Milit.*	1783
Zeddes (de).	1727	*St-Cyr.*	1736
Zoller (de).	1773	*Ec. Milit.*	1782
Zurhein (de).	1738	*St-Cyr.*	1750

PROVINCE

DE

LA NORMANDIE.

NORMANDIE.

CALVADOS. — EURE. — ORNE. — MANCHE. — SEINE-INFÉRIEURE.

NOMS.	DATE de la naissce.	POSITION.	
Abot de Champs.	1718	*P. du Roi.*	1734
Achard du Perthus.	1744	*P. du Roi.*	1758
Aché.	1677	*St-Cyr.*	1686
Aché (d').	1670	*P. du Roi.*	1685
Aché (d').	1677	*St-Cyr.*	1686
Aché (d').	1755	*Ec. Milit.*	1764
Agis (d').	1740	*St-Cyr.*	1752
Agis-de-Saint-Denis.	1760	*Ec. Milit.*	1769
Aigromond de Forgeville.	1698	*St-Cyr.*	1710
Aigremont (d').	1700	*St-Cyr.*	1710
Anceaume de Houdan.	1765	*Ec. Milit.*	1775
Ancel de Quineville.	1680	*P. du Roi.*	1697
André de Saint-Victor.	1777	*Ec. Milit.*	1786
Anfernet du Pontbellenger.	1741	*St-Cyr.*	1753
Anfric de Chaulieu.	1659	*P. du Roi.*	1676
Augot.	1772	*Ec. Milit.*	1783
Anneville (d').	1726	*P. du Roi.*	1742
Anneville de Chifrevant.	1712	*P. du Roi.*	1729
Anthenaise (d').	1717	*P. de la Reine.*	
Aprix de Bonnières.	1726	*St-Cyr.*	1738
Aprix de Morienne.	1723	*St-Cyr.*	1733
Aprix de Morienne.	1700	*St-Cyr.*	1708
Aprix de Morienne.	1741	*St-Cyr.*	1749
Areres (d').	1676	*St-Cyr.*	1686

NOMS.	DATE de la naiss[ce].	POSITION.	
Argonges (d').	1751	*St-Cyr.*	1762
Argonnes (d').	1695	*St-Cyr.*	1706
Arlanges (d').	1740	*St-Cyr.*	1752
Arnois de Blangues.	1751	*Ec. Milit.*	1760
Astin (d').	1767	*Ec. Milit.*	1777
Auber de d'Aubeuf.	1676	*St-Cyr.*	1687
Auber de Henouville.	1742	*P. de la Reine.*	1756
Aubert d'Ailly.	1737	*P. du Roi.*	1753
Autignate (d').	1772	*Ec. Milit.*	1782
Auvray de Cocquerel.	1739	*St-Cyr.*	1752
Auxais (d').	1675	*St-Cyr.*	1687
Auxais (d').	1736	*P. du Roi.*	1751
Auxais du Menil-Véneron.	1678	*St-Cyr.*	1687
Avesgo de Coulange.	1712	*P. du Roi.*	1732
Baillehache de Champgoubert.	1742	*P. du Roi.*	1756
Baillehache de Champgoubert.	1742	*P. du Roi.*	1756
Bailleul (du).	1720	*P. du Roi.*	1743
Banastre (de).	1746	*P. du Roi.*	1760
Banastre de Parfondeval.	1747	*P. du Roi.*	1761
Bardoul de Tournai.	1697	*P. du Roi.*	1714
Bardoul de Vauxfel.	1692	*St-Cyr.*	1704
Bardout de Tournai.	1704	*St-Cyr.*	1714
Baril de Francvilliers.	1770	*Ec. Milit.*	1781
Barville (de).	1740	*Ec. Milit.*	1753
Barville Nocé (de).	1705	*St-Cyr.*	1714
Baudouin d'Espins.	1701	*St-Cyr.*	1708
Baudoin des Pins de Crorsilles.	1728	*St-Cyr.*	1739
Baudart.	1674	*St-Cyr.*	1686
Baudre (de).	1758	*St-Cyr.*	1767
Baudre (de).	1748	*P. du Roi.*	1764
Baudre de Bavent.	1756	*Ec. Milit.*	1767
Bauquemadre (de).	1709	*St-Cyr.*	1718
Baurepaire Louvagni (de).	1712	*P. du Roi.*	1730
Beaudoin de Grandoux.	1736	*St-Cyr.*	1745
Beaurepaire.	1684	*St-Cyr.*	1696
Beaurepaire.	1689	*P. du Roi.*	1694
Beaurepaire de Pontfol.	1735	*St-Cyr.*	1746
Beaulieu Tivas de Gourville.	1708	*St-Cyr.*	1718
Beauvais (de).	1768	*Ec. Milit.*	1779
Beauvais de Vousi.	1725	*St-Cyr.*	1736

NOMS.	DATE de la naissce.	POSITION.	
Becdelièvre de Cany.	1739	*P. du Roi.*	1754
Bellemare (de).	1757	*St-Cyr.*	1769
Bellemare de Saint-Cyr.	1749	*Ec. Milit.*	1760
Bellemare de Saint-Cyr.	1745	*St-Cyr.*	1757
Bellemare de Valhebert.	1652	*P. du Roi.*	1668
Belloy (de).	1763	*P. du Roi.*	1777
Bence (de).	1697	*St-Cyr.*	1706
Bence de Garembourg.	1697	*St-Cyr.*	1706
Bérauville (de).	1696	*P. du Roi.*	1715
Bercher de Monchevreuil.	1753	*Ec. Milit.*	1764
Berenger (de).	1730	*St-Cyr.*	1740
Bernard.	1769	*P. du Roi.*	1783
Bernard de Marigni.	1736	*St-Cyr.*	1744
Bernard de Marigny.	1756	*St-Cyr.*	1767
Bernard de Marigny.	1755	*Ec. Milit.*	1765
Bertin (de).	1773	*Ec. Milit.*	1783
Biencourt (de).	1774	*P. du Roi.*	1789
Bigaut d'Aubermenil.	1700	*St-Cyr.*	1708
Billeheust (de).	1774	*St-Cyr.*	1784
Billeheust de Saint-Georges.	1711	*St-Cyr.*	1720
Billeheust de Saint-Georges.	1735	*P. du Roi.*	1751
Blanchard Saint-Bazile.	1687	*St Cyr.*	1695
Blond de Sauchay.	1729	*P. du Roi.*	1744
Blondel de Rie.	1684	*St Cyr.*	1696
Blondel Joigni.	1684	*St-Cyr.*	1692
Bloteau (de).	1762	*Ec. Milit.*	1771
Blotteau du Breuil.	1735	*St-Cyr.*	1747
Bois de Vidouville.	1737	*P. du Roi.*	1753
Bois du Pirou de Dangi.	1699	*St-Cyr.*	1707
Boisguion (de).	1703	*St-Cyr.*	1714
Boniface (de).	1764	*P. du Roi.*	1779
Boniface (de).	1772	*St-Cyr.*	17
Bonissent (de).	1765	*Ec. Milit.*	1774
Bongars de Vaudeleau.	1777	*St-Cyr.*	1786
Bonnechose (de).	1774	*P. du Roi.*	1790
Bonnet de Démonville.	1743	*St-Cyr.*	1752
Bonnet de Démonville.	1751	*Ec. Milit.*	1761
Bonnet de la Tour.	1691	*P. du Roi.*	1708
Bonnet de Meseray.	1778	*St-Cyr.*	1788
Bonnet de Saint-Foi.	1728	*St-Cyr.*	1737

NOMS.	DATE de la naiss^{ce}.	POSITION.	
Bonsens des Epinais.	1738	*P. du Roi.*	1754
Bonvoust (de).	1735	*St-Cyr.*	1742
Bordeaux de Bargeville.	1704	*P. du Roi.*	1723
Bordin de la Saussaie.	1714	*St-Cyr.*	1726
Bosc (du).	1768	*St-Cyr.*	1778
Bosc de Vitermont.	1738	*P. du Roi.*	1753
Bosc d'Hermival.	1674	*St-Cyr.*	1686
Bosc Henry (du).	1758	*St-Cyr.*	1766
Bosc Henry de Drucourt.	1750	*P. du Roi.*	1764
Bosc Vitermont (du).	1689	*P. du Roi.*	1705
Bouchet (du).	1746	*P. du Roi.*	1758
Bouchet de Courtezé.	1754	*St-Cyr.*	1763
Bougards (de).	1702	*St-Cyr.*	1712
Bouilloney (du).	1731	*St-Cyr.*	1743
Boujou Fonteni.	1669	*St-Cyr.*	1687
Bouju.	1673	*St-Cyr.*	1688
Bouju de Fonteni.	1677	*St-Cyr.*	1687
Bouju de La Croix.	1697	*St-Cyr.*	1706
Bouju de Vaux.	1676	*St-Cyr.*	1688
Bouju Montguérand (de).	1692	*St-Cyr.*	1704
Boulainvilliers (de).	1692	*St-Cyr.*	1704
Boulainvilliers Saint-Céré (de).	1678	*St-Cyr.*	1688
Bouracher de Launay.	1673	*St-Cyr.*	1687
Bourbel de Montpinçon.	1674	*St-Cyr.*	1686
Bourdon de Grandmont.	1752	*Ec. Milit.*	1764
Bourdonne de Champigni.	1673	*St-Cyr.*	1685
Bourgeois des Bancs.	1764	*Ec. Milit.*	1773
Bourgeoise de Pomméréval.	1701	*P. du Roi.*	1717
Bouvet de Louvigny.	1736	*P. du Roi.*	1752
Braque (de).	1678	*St-Cyr.*	1687
Bras-de-Fer (de).	1745	*St-Cyr.*	1757
Bras-de-Fer (de).	1760	*St-Cyr.*	1769
Bras-de-Fer (de).	1762	*Ec. Milit.*	1771
Bras-de-Fer (de).	1777	*Enfant-Jésus.*	1785
Bras-de-Fer (de).	1770	*St-Cyr.*	1789
Bras-de-Fer (de).	1777	*St-Cyr.*	1786
Bras-de-Fer de Morteaux.	1749	*Ec. Milit.*	1760
Bras-de-Fer d'Ommoy.	1778	*Ec. Milit.*	1787
Brébeuf (de).	1761	*St-Cyr.*	1772
Brébeuf (de).	1750	*Ec. Milit.*	1760

NOMS.	DATE de la naiss^ce.	POSITION.	
Brecey (de).	1775	*Ec. Milit.*	1784
Breuilly (de).	1772	*Ec. Milit.*	1782
Brévedent (de).	1746	*P. du Roi.*	1762
Brévedent (de).	1750	*St-Cyr.*	1762
Brévedent de Sahurs.	1694	*P. du Roi.*	1710
Brévedent de Sahurs.	1686	*P. du Roi.*	1701
Briqueville (de).	1724	*P. du Roi.*	1739
Briqueville de la Luzerne.	1738	*P. du Roi.*	1754
Broses du Goulet.	1717	*St-Cyr.*	1726
Brossard (de).	1777	*Ec. Milit.*	1787
Brossard de Lomberval.	1774	*Hôp. de Montdidier.*	1774
Brossard de Torcy.	1780	*Ec. Milit.*	1788
Brosses de Bellegarde.	1673	*St-Cyr.*	1686
Brunet du Molant.	1708	*P. du Roi.*	1728
Brunet du Molant.	1677	*P. du Roi.*	1694
Bruneville de Poussy.	1779	*Ec. Milit.*	1788
Buat de Bazoches.	1713	*P. du Roi.*	1731
Buat de Garnetot.	1695	*St-Cyr.*	1706
Bugard la Salle (de).	1715	*St-Cyr.*	1726
Buq de Mareussy.	1764	*Ec. Milit.*	1777
Cadot de Sebeville.	1676	*P. du Roi.*	1693
Cacquerai de Camphéroux.	1696	*St-Cyr.*	1703
Cacquerai de La Salle.	1716	*St-Cyr.*	1728
Cacquerai des Landes.	1705	*St-Cyr.*	1714
Cacquerai de Vadancourt.	1733	*St-Cyr.*	1741
Cacqueray (de).	1753	*St-Cyr.*	1765
Cacqueray (de).	1774	*P. du Roi.*	1789
Cacqueray (de).	1768	*St-Cyr.*	1776
Cacqueray de Fontenelle.	1741	*St-Cyr.*	1749
Cacqueray de Gaillonet.	1742	*St-Cyr.*	1754
Cacqueray de Vadancourt.	1741	*St-Cyr.*	1752
Cairon (de).	1771	*St-Cyr.*	17
Cairon (de).	1773	*Enfant-Jésus.*	1785
Cairon de Crocy.	1731	*St-Cyr.*	1741
Cairon de Merville.	1754	*Ec. Milit.*	1769
Cairon Lamotte (de).	1712	*St-Cyr.*	1723
Campion.	1687	*St-Cyr.*	1698
Campoyer de La Brosse.	1673	*St-Cyr.*	1686
Caquerai des Landes.	1700	*St-Cyr.*	1712
Caquerai de Valolive.	1739	*P. du Roi.*	1755

NOMS.	DATE de la naissce.	POSITION.	
Caqueray de Montval.	1772	*Ec. Milit.*	1782
Caradas du Stéron.	1667	*P. du Roi.*	1782
Carbonnel (de).	1764	*P. du Roi.*	1780
Carbonnet de Camisi.	1667	*P. du Roi.*	1683
Cardonnet de Cunisy.	1729	*P. du Roi.*	1746
Carel de Mercei.	1679	*St-Cyr.*	1686
Carnazet (de).	1740	*St-Cyr.*	1748
Carnazet (de).	1758	*Enfant-Jésus.*	17
Carvoisin de Sassei.	1679	*St-Cyr.*	1689
Castel de Saint-Pierre.	1679	*P. du Roi.*	1674
Caumont (de).	1748	*St-Cyr.*	1757
Cauvigni (de).	1716	*St-Cyr.*	1728
Chabot de Montgaudri.	1699	*St-Cyr.*	1708
Chalange (de).	1772	*St-Cyr.*	1782
Chambon de Trousseauville.	1758	*Ec. Milit.*	1772
Chambrai (de).	1713	*P. du Roi.*	1730
Chambrai (de).	1720	*St-Cyr.*	1732
Chambrai (de).	1682	*St-Cyr.*	1691
Chambrai (de).	1711	*St-Cyr.*	1721
Chambray (de).	1751	*Ec. Milit.*	1761
Champs (des).	1748	*P. du Roi.*	1762
Chantelou (de).	1719	*St-Cyr.*	1731
Chantepie (de).	1776	*Ec. Milit.*	1785
Châteauthierry (de).	1758	*Ec. Milit.*	1772
Châteauthierry.	1771	*P. du Roi.*	1786
Chaumontel.	1766	*Ec. Milit.*	1775
Chaumontel (de).	1763	*St-Cyr.*	17
Chaumontel (de).	1763	*Enfant-Jésus.*	1775
Chazot d'Escorches.	1742	*P. du Roi.*	1758
Chennevières (de).	1746	*Ec. Milit.*	1756
Cingal (de).	1745	*Ec. Milit.*	1756
Cissay de la Courtinière.	1751	*St-Cyr.*	1761
Cissei.	1686	*St-Cyr.*	1696
Clercy (de).	1730	*P. du Roi.*	1745
Cleret de Tocqueville.	1725	*St-Cyr.*	1742
Clermont-Tonnerre (de).	1678	*P. du Roi.*	1678
Cléry (de).	1755	*St-Cyr.*	1765
Clevel de Tocqueville.	1703	*P. du Roi.*	1719
Clinchamps (de).	1676	*St-Cyr.*	1687
Collas du Longpré.	1742	*St-Cyr.*	1749

NOMS.	DATE de la naiss^ce.	POSITION.	
Collardin de Chanteloup.	1775	*Ec. Milit.*	1786
Coquerel d'Iquelon.	1778	*Ec. Milit.*	1787
Coret de Berjou.	1750	*St-Cyr.*	1761
Cormeille (de).	1768	*St-Cyr.*	1776
Cornet de Briquesart.	1683	*St-Cyr.*	1694
Cornet de Saint-Martin.	1746	*St-Cyr.*	1758
Costard de Saint-Léger.	1685	*St-Cyr.*	1697
Couillard d'Hautmesnil.	1757	*St-Cyr.*	1769
Coüillard d'Hautmesnil.	1760	*Ec. Milit.*	1769
Courcy de Herville.	1732	*St-Cyr.*	1742
Courcy de Magny.	1755	*Ec. Milit.*	1765
Courdemanche (de).	1694	*St-Cyr.*	1703
Courdemanche (de).	1688	*St-Cyr.*	1695
Courtemanche (de).	1680	*St-Cyr.*	1688
Cousturier de Sainte-Jamme.	1768	*St-Cyr.*	1777
Creni (de).	1676	*St-Cyr.*	1686
Creny (de).	1757	*Ec. Milit.*	1767
Croisilles (de).	1742	*P. du Roi.*	1758
Croisilles (de).	1695	*St-Cyr.*	1707
Croisilles (de).	1693	*St-Cyr.*	1705
Croismare (de).	1720	*St-Cyr.*	1727
Croismare (de).	1718	*P. du Roi.*	1732
Croutelle d'Escaquelonde.	1740	*St-Cyr.*	1747
Cussi (de).	1722	*St-Cyr.*	1731
Cussi de Bellevat.	1707	*P. du Roi.*	1722
Cuverville (de).	1778	*Ec. Milit.*	1787
Cuverville de Sainte-Colombe.	1677	*St-Cyr.*	1686
Cuves (de).	1676	*St-Cyr.*	1687
Dalidan de la Becterie.	1770	*Ec. Milit.*	1780
Dampierre (de).	1696	*St-Cyr.*	1707
Dampont (de).	1757	*St-Cyr.*	1768
Dancelle de Pierreville.	1764	*Ec. Milit.*	1777
Dandasne d'Elincourt.	1762	*Ec. Milit.*	1772
Daniel de Boisdennemets.	1755	*P. du Roi.*	1771
Danjou du Longuay.	1769	*Ec. Milit.*	1780
Darandel.	1739	*St-Cyr.*	1749
Darandel.	1778	*St-Cyr.*	1787
Darandel.	1764	*Ec. Milit.*	1773
Davi du Hautbourg.	1723	*St-Cyr.*	1735
Davis Damfreville.	1706	*P. du Roi.*	1720

NOMS.	DATE de la naissce.	POSITION.	
Denis de La Touche (saint).	1721	St-Cyr.	1733
Denis de Vervaine (saint).	1728	St-Cyr.	1740
Dessus Le Pont (de).	1763	St-Cyr.	1775
Dessus Le Pont (de).	1708	St-Cyr.	1718
Dessus Le Pont du Ru.	1674	St-Cyr.	1686
Dessus Le Pont du Ru.	1765	Ec. Milit.	1773
Detvesgo du Valheuveux.	1695	St-Cyr.	1706
Diel d'Enneval.	1708	P. du Roi.	1724
Doisnel de Montecot.	1747	P. du Roi.	1763
Dramard de Beuzeval.	1775	Ec. Milit.	1785
Drouillin (de).	1732	P du Roi.	1747
Drouillin de Tanques.	1767	Ec. Milit.	1777
Droulin de Menilglaise.	1732	P. du Roi.	1746
Durant de Nestreville.	1747	St-Cyr.	1758
Ecuyer de la Papotière.	1746	St-Cyr.	1758
Erneville de Goutières.	1729	St-Cyr.	1740
Erneville de Poligni.	1725	St-Cyr.	1727
Erneville de Poligny.	1769	Ec. Milit.	1779
Escageul (d').	1738	St-Cyr.	1749
Escorche (d').	1693	St-Cyr.	1704
Escorches de Boutigni.	1732	St-Cyr.	1740
Escoulant de Haineville.	1713	St Cyr.	1724
Escoulant de Muneville.	1692	P. du Roi.	1709
Esmaleville (d').	1677	P. du Roi.	1693
Esmalleville de Paneville.	1717	P. du Roi.	1732
Espinay (d').	1778	St-Cyr.	1788
Estanger (d').	1773	St Cyr.	1782
Estimauville (d').	1752	St-Cyr.	1761
Estimauville de Beaumouchel.	1753	Ec. Milit.	1768
Eude de Cateville.	1680	P. du Roi.	1695
Euldes de Catteville.	1735	P. du Roi.	1749
Faimaulevrier (du).	1682	P. du Roi.	1698
Faulcon (de).	1732	St-Cyr.	1741
Fauquembergue (de).	1676	St-Cyr.	1687
Fautereau (de).	1741	Ec. Milit.	1753
Fayet (du).	1708	St-Cyr.	1718
Fergeot de Vilers.	1713	P. du Roi.	1729
Ferrand de la Conté.	1777	Ec. Milit.	1787
Feuardent.	1773	Ec. Milit.	1783
Filleul d'Amertot.	1746	Ec. Milit.	1754

NOMS.	DATE de la naissce.	POSITION.	
Filleul de Freneuze.	1687	*St-Cyr.*	1696
Filleul de La Fresnay.	1746	*P. du Roi.*	1760
Filleul des Chenests.	1686	*P. du Roi.*	1705
Filli d'Acon.	1688	*St-Cyr.*	1696
Folliot de Crenneville.	1765	*Ec. Milit.*	1777
Fontaine Bamburelles de Mellette.	1700	*St-Cyr.*	1710
Fontenai de Courboyer.	1676	*St-Cyr.*	1686
Fontenai de Survie.	1716	*P. du Roi.*	1730
Fontenai du Boistier la Châtellenie.	1712	*St-Cyr.*	1721
Fontenay (de).	1755	*Ec. Milit.*	1769
Fontenay (de).	1760	*St-Cyr.*	1771
Fontenay (de).	1752	*St-Cyr.*	1764
Fontenay (de).	1760	*St-Cyr.*	1771
Fontenay de la Guiardière.	1764	*Ec. Milit.*	1773
Fontenay de la Guiardière.	1763	*Ec. Milit.*	1771
Fontenay de Saint-Aubin.	1742	*St-Cyr.*	1752
Fortin.	1673	*St-Cyr.*	1686
Fortin de Feuguerolles.	1769	*P. du Roi.*	1769
Fosse-Vateville (du).	1669	*P. du Roi.*	1686
Fouchais (de).	1744	*St-Cyr.*	1756
Foulongne.	1770	*P. du Roi.*	1789
Foucques de Caorches.	1768	*P. du Roi.*	1782
Foucques de la Moussindière.	1763	*Ec. Milit.*	1763
Foville (de).	1764	*Ec. Milit.*	1773
Frebourg.	1685	*St-Cyr.*	1696
Frébourg (de).	1762	*Ec. Milit.*	1771
Fresne du Motée.	1698	*St-Cyr.*	1706
Freville (de).	1730	*St-Cyr.*	1738
Freville (de).	1737	*P. du Roi.*	1755
Fréville (de).	1725	*P. du Roi.*	1740
Fribois (de).	1698	*P. du Roi.*	1715
Fribois (de).	1768	*P. du Roi.*	1781
Fromont (de).	1683	*St-Cyr.*	1690
Frou de Blinière.	1773	*Ec. Milit.*	1784
Fylly (de).	1755	*Ec. Milit.*	1770
Gaillardbois de Saint-Denis.	1692	*P. du Roi.*	1706
Gaillardboise Marcouville.	1693	*P. du Roi.*	1710
Gaissart d'Escle.	1733	*St-Cyr.*	1745

NOMS.	DATE de la naiss^{ce}	POSITION.	
Gallery de la Tremblaye.	1780	Ec. Milit.	1788
Gannel du Haistrey.	1770	Ec. Milit.	1781
Gastel (de).	1705	St-Cyr.	1715
Gaultier.	1776	Enfant-Jésus.	1787
Gaultier de la Hulinère.	1756	Ec. Milit.	1767
Gaultier de la Motte.	1759	St-Cyr.	1768
Gaultier de la Motte.	1750	P. du Roi.	1764
Gaultier de la Rosière.	1777	Ec. Milit.	17
Gauthier la Ferrière.	1703	St-Cyr.	1726
Gautier de Fresli.	1685	St-Cyr.	1695
Gautier de Tournay.	1734	P. du Roi.	1752
Gautier la Ferrière.	1717	St-Cyr.	1726
Gigault de Branville.	1732	St-Cyr.	1744
Giles (saint).	1690	P. du Roi.	1708
Gille (de saint).	1724	P. du Roi.	1739
Girard de Merbouton.	1690	St-Cyr.	1702
Gislain de Benouville.	1693	P. du Roi.	1709
Giverville (de).	1774	P. du Roi.	1788
Giverville (de).	1743	P. du Roi.	1757
Giverville de Glatigny.	1676	P. du Roi.	1692
Glapion (de).	1674	St-Cyr.	1686
Glapion (de).	1743	St-Cyr.	1755
Glapion de Futel.	1709	St-Cyr.	1719
Glapion de Ronay.	1709	St-Cyr.	1718
Glapion de Véranvilliers.	1699	St-Cyr.	1707
Glapion de Véranvilliers.	1756	Ec. Milit.	1766
Godefroy de Boisjugau.	1761	Ec. Milit.	1772
Godefroy de Pontorson.	1749	Ec. Milit.	1760
Gogué (de).	1675	St-Cyr.	1686
Gogué de Moussonvilliers.	1720	St-Cyr.	1731
Gosselin de Boismontel.	1734	St-Cyr.	1744
Gosselin de Garselles.	1744	P. du Roi.	1757
Goueslard de Champigny.	1752	Ec. Milit.	1764
Gouffier de Bonnivet.	1708	St-Cyr.	1718
Goubier de Fontenay.	1773	P. du Roi.	1773
Goubier de Roiville.	1703	St-Cyr.	1714
Gourmont (de).	1721	St-Cyr.	1728
Gourmont Courci de Pleinmarets.	1693	P. du Roi.	1708
Gouvets (de).	1686	St-Cyr.	1694

NOMS.	DATE de la naiss[ce].	POSITION.	
Gouvetz (de).	1755	*Ec. Milit.*	1766
Gouvetz (de).	1753	*P. du Roi.*	1769
Graindorge d'Orgeville.	1729	*P. du Roi.*	1745
Grandin de Mansigny.	1760	*Ec. Milit.*	1769
Graveron (de).	1716	*P. du Roi.*	1732
Grenier de Cauville.	1752	*Ec. Milit.*	1762
Grieu de Bellemare.	1698	*St-Cyr.*	1706
Grillet de Brissac.	1679	*St-Cyr.*	1686
Grillet de Brissac.	1672	*St-Cyr.*	1686
Grimoult d'Ablonville.	1696	*St-Cyr.*	1704
Grimouville (de).	1739	*St-Cyr.*	1749
Grimouville (de).	1737	*P. du Roi.*	1753
Grimouville (de).	1701	*St-Cyr.*	1712
Grimouville (de).	1759	*St-Cyr.*	1768
Gripière de Moneroc.	1751	*St-Cyr.*	1762
Grouchi.	1687	*St-Cyr.*	1696
Grouchi de Robertol.	1715	*P. du Roi.*	1732
Gruel de Boisemont.	1677	*St-Cyr.*	1686
Guérin de Canteleu.	1765	*P. du Roi.*	1779
Guéroust (de).	1757	*Enfant-Jésus.*	1770
Guéroust de Fréville.	1733	*St-Cyr.*	1743
Guéroust de la Gohière.	1742	*St-Cyr.*	1753
Guéroust de la Gohière.	1743	*St-Cyr.*	1755
Guerreau.	1686	*St-Cyr.*	1698
Guerreau de Behen.	1711	*P. du Roi.*	1727
Guerreau de Béhen.	1684	*P. du Roi.*	1699
Guerpel (de).	1766	*P. du Roi.*	1781
Guez de la Pommeraye.	1759	*St-Cyr.*	1770
Guyenro (de).	1779	*St-Cyr.*	1789
Guyon de Quigny.	1777	*Ec. Milit.*	17
Guyon des Diguères.	1751	*P. du Roi.*	1766
Halley de Montchamps.	1744	*St-Cyr.*	1751
Hanneville Tamerville (d').	1685	*P. du Roi.*	1702
Harcourt (de).	1680	*St-Cyr.*	1688
Harcourt d'Olonde.	1676	*P. du Roi.*	1690
Harcourt d'Olonde.	1675	*St-Cyr.*	1688
Hauchemail (de).	1748	*St-Cyr.*	1759
Hauller (des).	1753	*St-Cyr.*	1762
Haussay (de).	1734	*St-Cyr.*	1746
Haussay (de).	1754	*St-Cyr.*	1754

NOMS.	DATE de la naiss^ce.	POSITION.	
Haussay (de).	1756	*Ec. Milit.*	1770
Hébert de Beauvoir.	1706	*P. du Roi.*	1721
Hébert de Boulon.	1749	*St-Cyr.*	1760
Hébert de Boulon.	1743	*Ec. Milit.*	1754
Hecquet (du).	1701	*St-Cyr.*	1712
Hellouin de Menibus.	1751	*Ec. Milit.*	1760
Hennequin d'Herbouville.	1696	*St-Cyr.*	1708
Hennequin d'Herbouville.	1694	*St-Cyr.*	1706
Hennot d'Acteville.	1732	*P. du Roi.*	1748
Hennot d'Octeville.	1726	*P. du Roi.*	1742
Henot, seigneur de Theville.	1687	*P. du Roi.*	1705
Hervieu des Rosiers.	1699	*St-Cyr.*	1710
Hesbert (de).	1699	*St-Cyr.*	1708
Hétehou (de).	1687	*St-Cyr.*	1694
Heudei Pomainville (de).	1708	*St-Cyr.*	1717
Heurtault.	1740	*P. du Roi.*	1754
Heurtaut de Lammerville.	1733	*P. du Roi.*	1750
Hibou du Grez.	1683	*P. du Roi.*	1701
Homméel. (du).	1750	*P. du Roi.*	1765
Homméel (du).	1770	*P. du Roi.*	1784
Houdetot (d').	1735	*P. du Roi.*	1752
Houdetot (de).	1755	*Ec. Milit.*	1766
Houetteville de Magnisot.	1738	*St-Cyr.*	1746
Hue de la Colombe.	1773	*St-Cyr.*	1783
Hue de Montaigu.	1741	*P. de la Reine.*	1757
Imbleval (d').	1774	*St-Cyr.*	1783
Ivetot (d').	1674	*St-Cyr.*	1686
Jambon de Saint-Cir.	1729	*St-Cyr.*	1739
Jarry du Parc.	1745	*St-Cyr.*	1757
Julliotte.	1752	*St-Cyr.*	1762
Klasten (de).	1760	*Ec. Milit.*	1768
L'Abbé des Autieux.	1697	*St-Cyr.*	1705
L'Abé des Autieux.	1729	*St-Cyr.*	1740
L'Abbé de Vauginmont.	1740	*P. du Roi.*	1763
La Bigne (de).	1730	*St-Cyr.*	1741
La Bigne (de).	1757	*P. du Roi.*	1757
La Bigne (de).	1739	*St-Cyr.*	1750
La Bigne (de).	1748	*P. du Roi.*	1765
La Bigne de Saint-Christophe.	1749	*St-Cyr.*	1760
La Boderie (de).	1743	*St-Cyr.*	1754

NOMS.	DATE de la naiss^ce.	POSITION.	
La Boussardière (de).	1729	*St-Cyr.*	1738
La Boussardière (de).	1736	*St-Cyr.*	1747
La Boussardière (de).	1741	*St-Cyr.*	1751
La Boussardière de Beaurepos.	1775	*St-Cyr.*	1784
La Broise (de).	1779	*Ec. Milit.*	1789
La Cervelle du Désert.	1727	*P. du Roi.*	1742
La Chaussée de Boisville.	1748	*Enfant-Jésus.*	1758
La Cour de Betteville.	1777	*Ec. Milit.*	1786
La Cour d'Ingreville.	1685	*St-Cyr.*	1696
La Court de Grainville.	1764	*Ec. Milit.*	1774
La Croix (de).	1743	*P. du Roi.*	1752
La Croix (de).	1734	*P. du Roi.*	1752
La Faye (de).	1720	*St-Cyr.*	1728
La Fontaine de la Boissière.	1688	*P. du Roi.*	1704
La Fresnaie Saint-Agnan (de).	1716	*St-Cyr.*	1727
La Gonnivière (de).	1764	*St-Cyr.*	1776
La Gonnivière (de).	1780	*Enfant-Jésus.*	1787
La Goupilière (de).	1725	*St-Cyr.*	1737
La Grandière (de).	1667	*St-Cyr.*	1686
La Grandière (de).	1705	*St-Cyr.*	1712
La Grandière (de).	1730	*St-Cyr.*	1739
La Grandière (de).	1706	*P. du Roi.*	1723
La Haie le Comte (de).	1704	*St-Cyr.*	1712
La Haie de Montainville.	1687	*St-Cyr.*	1695
La Haye de la Barre.	1755	*St-Cyr.*	1766
La Houssaie.	1689	*St-Cyr.*	1698
La Houssaye de Montéan.	1742	*St-Cyr.*	1752
La Houssaye de Montéan.	1765	*Ec. Milit.*	1774
La Lande (de).	1756	*St-Cyr.*	1768
La Lande d'Entremont.	1742	*St-Cyr.*	1752
La Mache du Féron.	1750	*Ec. Milit.*	1760
La Mare Cavigni (de).	1711	*St-Cyr.*	1718
Lambert d'Argence.	1708	*St-Cyr.*	1718
Lambert du Londe.	1677	*St-Cyr.*	1685
Langle de la Ronce.	1760	*Ec. Milit.*	1768
Langlois de Motteville.	1668	*P. du Roi.*	1683
Languedoue de la Vinette.	1760	*Ec. Milit.*	1769
Lannois (de).	1676	*P. du Roi.*	1694
Lardenois de Ville.	1716	*P. du Roi.*	1732
La Rivière du Prédauge.	1744	*Ec. Milit.*	1753

NOMS.	DATE de la naiss^ce.	POSITION.	
La Rocque de Chanfray.	1748	*St-Cyr.*	1760
La Rocque de Chanfray.	1751	*Ec. Milit.*	1762
La Roque (de).	1733	*P. du Roi.*	1748
La Roque de Beaumay.	1745	*St-Cyr.*	1757
La Roque de Tochemont.	1760	*P. du Roi.*	1774
La Rouvraye (de).	1740	*St-Cyr.*	1749
La Rouvraye (de).	1778	*P. du Roi.*	1788
La Rue de Bernières.	1709	*St-Cyr.*	1720
La Rue de Lannoy.	1711	*St-Cyr.*	1720
Launai de la Cadière.	1715	*St-Cyr.*	1725
Le Barbier de Bezu.	1724	*St-Cyr.*	1734
Le Berceur de Fontenai.	1689	*P. du Roi.*	1703
Le Bienvenu.	1780	*St-Cyr.*	1790
Le Bienvenu.	1774	*Enfant-Jésus.*	1784
Le Blanc du Rolet.	1675	*P. du Roi.*	1690
Le Blon de Sauchay.	1725	*P. du Roi.*	1741
Le Boulenger du Tilleul.	1692	*St-Cyr.*	1702
Le Boullenger des Roques.	1773	*P. du Roi.*	1789
Le Boulleur.	1738	*St-Cyr.*	1750
Le Boulleur.	1775	*St-Cyr.*	1785
Le Boulleur.	1772	*Hôpit. Montdidier.*	1783
Le Boulleut.	1774	*Ec. Milit.*	1783
Le Bourgeois de Marais de Banc.	1767	*Ec. Milit.*	1777
Le Cauf de Dannoville.	1766	*Ec. Milit.*	1777
Le Chevallier de Longueville.	1770	*P. du Roi.*	1784
Le Clerc du Tot.	1764	*Ec. Milit.*	1773
Le Cloustier.	1754	*Ec. Milit.*	1770
Le Conte de Boisroger.	1719	*St-Cyr.*	1728
Le Conte de Gizay de Valmont.	1758	*Ec. Milit.*	1772
Le Conte de la Varengerie.	1779	*Ec. Milit.*	1789
Le Cornu de Villarceaux.	1763	*Ec. Milit.*	1771
Le Cousturier d'Armenouville.	1771	*Ec. Milit.*	1781
Le Cousturier de la Motte Frémise.	1737	*St-Cyr.*	1744
Le Couturier de Sainte-Jame.	1730	*St-Cyr.*	1740
L'Ecuyer.	1781	*St-Cyr.*	1790
L'Ecuyer de la Papotière.	1681	*St-Cyr.*	1692
L'Ecuyer de la Papotière.	1727	*St-Cyr.*	1739
L'Ecuyer de la Papotière.	1744	*Ec. Milit.*	1756
Le Doulcet de Pontécoulant.	1726	*P. du Roi.*	1740

NOMS.	DATE de la naiss.	POSITION.	
Lefebvre de Clitours.	1719	P. du Roi.	1737
Le Forestier.	1765	Ec. Milit.	1774
Le Forestier de Langevinière.	1677	St Cyr.	1686
Le Forestier du Buisson.	1674	St Cyr.	1686
Le Forestier du Buisson.	1726	St-Cyr.	1736
Le Foullon de Saint-Aubin de la Rivière.	1750	Ec. Milit.	1760
Le Franc de Baulieu.	1675	St-Cyr.	1687
Le Franc du Fayel.	1707	St-Cyr.	1718
Le Fribois.	1753	P. du Roi.	1769
Le Gardeur de Croisilles.	1692	St-Cyr.	1704
Le Grand de Saintré.	1696	St-Cyr.	1708
Le Grand du Péhébose.	1721	P. du Roi.	1735
Le Hure de Bosc droit de Cerniéres.	1734	St-Cyr.	1745
Le Jolis de Villiers.	1760	Ec. Milit.	1769
Le Loureux.	1756	Ec. Milit.	1770
Le Loureux de Vigni.	1709	St-Cyr.	1718
Le Louterel de Saint-Aubin-sur-Rille.	1714	St-Cyr.	1721
Le Marchant de Charmont.	1682	St-Cyr.	1690
Le Metaër.	1750	Ec. Milit.	1760
Le Metayer de la Haie.	1674	St-Cyr.	1686
Le Michel de la Chapelle.	1693	St-Cyr.	1702
Le Moine d'Aubermesnil.	1768	St-Cyr.	1778
Le Moine d'Aubermesnil.	1745	Ec. Milit.	1756
Le Mouton de Bois d'Effre.	1754	St-Cyr.	1761
Le Mouton de Boisdeffre.	1755	Ec. Milit.	1765
L'Emperière.	1684	St-Cyr.	1693
Le Neuf de Tourneville.	1757	Ec. Milit.	1766
Le Neveu de Dungy.	1751	Ec. Milit.	1762
Le Noble de Bailleul.	1745	Ec. Milit.	1755
Le Normand d'Arry.	1757	St-Cyr.	1769
Le Normand de Bretteville.	1770	St-Cyr.	1779
Le Noury de la Grignardière.	1771	Ec. Milit.	1780
Le Parmentier.	1757	Ec. Milit.	1768
Le Parmentier.	1759	St-Cyr.	1768
Le Pellerin de Gauville.	1762	Ec. Milit.	1772
Le Pelletier de Longuemare.	1675	St-Cyr.	1686
Le Pelletier de Molandé.	1761	Ec. Milit.	1771

NOMS.	DATE de la naiss^{ce}.	POSITION.	
Le Poitevin du Moutier.	1747	*St-Cyr.*	1755
Le Prevost de Saint-Martin.	1672	*St-Cyr.*	1685
Le Roi de Cerceuil.	1680	*St-Cyr.*	1688
Le Roi du Gué.	1723	*St-Cyr.*	1735
Le Roux de Giberpré.	1696	*St-Cyr.*	1708
Le Roux de la Prevosté.	1758	*Enfant-Jésus.*	1767
Le Roy de Dais.	1779	*Enfant-Jésus.*	1789
Le Seigneur.	1743	*P. du Roi.*	1759
Le Sénéchal.	1756	*St-Cyr.*	1767
Le Sénéchal.	1749	*Ec. Milit.*	1760
Le Sens du Lion.	1688	*P. du Roi.*	1705
Le Louteret des Jardins.	1724	*St-Cyr.*	1734
L'Espine de Grainville.	1755	*Ec. Milit.*	1769
Lestendart (de).	1758	*Ec. Milit.*	1770
Lestendart (de).	1718	*St-Cyr.*	1730
Lesto de Saint-Valeri.	1696	*P. du Roi.*	1712
Le Tellier de Vaubadon.	1697	*P. du Roi.*	1714
Le Tellier d'Irville.	1759	*St-Cyr.*	1771
Le Tessier de Launay.	1775	*St-Cyr.*	1784
Le Trésor.	1737	*P. du Roi.*	1747
Le Vaillant.	1766	*P. du Roi.*	1787
Le Vaillant.	1685	*St-Cyr.*	1694
Le Vaillant d'Aubigny.	1741	*P. du Roi.*	1757
Le Vaillant de Douvres.	1764	*St-Cyr.*	1773
Le Vaillant de Rebais.	1731	*P. du Roi.*	1726
Le Vallois.	1747	*St-Cyr.*	1759
Le Vallois.	1751	*Ec. Milit.*	1762
L'Hermitte de Saint-Denis.	1766	*P. du Roi*	1780
L'Hermitte de Saint-Denis.	1758	*Ec. Milit.*	1772
L'Hermitte de Saint-Denis.	1750	*St-Cyr.*	1760
Liée de Tonancourt.	1738	*St-Cyr.*	1749
Liée de Tonancourt.	1673	*St-Cyr.*	1687
Lieuray (de).	1761	*Ec. Milit.*	1771
Limoges Saint-Just (de).	1692	*St-Cyr.*	1702
Livet de Barville.	1766	*Ec. Milit.*	1777
Lombelon des Essarts.	1696	*P. du Roi.*	1712
Longaunai de Franqueville.	1676	*St-Cyr.*	1687
Lonlay (de).	1731	*P. du Roi.*	1747
Lonlay de la Bretonnière.	1776	*St-Cyr.*	1786
Loubert (de).	1715	*St-Cyr.*	1727

NOMS	DATE de la naissce.	POSITION.	
Loubert de Martainville.	1679	*St-Cyr.*	1690
Loucelle (de).	1689	*St-Cyr.*	1700
Loulay de Villepail.	1751	*St-Cyr.*	1761
Louvel de Contrières.	1676	*St-Cyr.*	1686
Louvel de Janville.	1749	*Ec. Milit.*	1760
Magny de Rougemont.	1764	*Ec. Milit.*	1774
Mahiel de Saint-Clair.	1737	*P. du Roi.*	1753
Maigniart de Bernière.	1670	*P. du Roi.*	1685
Maillot de la Morandière.	1679	*P. du Roi.*	1696
Malard.	1733	*P. du Roi.*	1747
Malart (de).	1699	*St-Cyr.*	1711
Malart du Fay.	1722	*St-Cyr.*	1734
Malart, seigneur de Falandre.	1675	*St-Cyr.*	1687
Malet de Cramenic.	1689	*P. du Roi.*	1706
Malherbe.	1675	*St-Cyr.*	1686
Malherbe (de).	1747	*Ec. Milit.*	1756
Mallevoue (de).	1695	*St-Cyr.*	1705
Mallevoue (de).	1758	*Enfant-Jésus.*	1769
Malortie (de).	1679	*St-Cyr.*	1686
Malortie (de).	1737	*P. du Roi.*	1753
Malortie de Bouteville.	1696	*P. du Roi.*	1711
Manvieux (de).	1743	*Ec. Milit.*	1756
Marceng de Tourville.	1778	*Ec. Milit.*	1787
Marestz de Montchaton.	1763	*Ec. Milit.*	1773
Margeot de Sainte-Ouen.	1733	*P. du Roi.*	1749
Marguerie d'Airel.	1762	*P du Roi.*	1778
Marguerie d'Aizi.	1702	*P. du Roi.*	1719
Marguerie (de).	1750	*Ec. Milit.*	1760
Marie d'Agneaux (de sainte).	1734	*P. du Roi.*	1750
Marie d'Agneaux (sainte).	1704	*P. du Roi.*	1719
Marquerie (de).	1764	*St-Cyr.*	1774
Martel de Délincourt.	1726	*P. du Roi.*	1746
Martin de Bourdainville.	1766	*Ec. Milit.*	1774
Martin de Brenil (saint).	1674	*St-Cyr.*	1686
Maurin de Pardaillan.	1663	*St-Cyr.*	1686
Meherene de Saint-Pierre.	1740	*P. du Roi.*	1754
Meilet (du).	1772	*Ec. Milit.*	1781
Menil Berard la Chaise (du).	1686	*St-Cyr.*	1696
Mercastel de Croidalle.	1730	*St-Cyr.*	1740
Mercatel (de).	1663	*P. du Roi.*	1680

NOMS.	DATE de la naissce.	POSITION.	
Merle de Blancbuisson.	1726	P. du Roi.	1739
Merle de Blancbuisson.	1763	P. du Roi.	1778
Merle de Blancbuisson du Plessis.	1722	P. du Roi.	1737
Merle (du).	1677	St-Cyr.	1685
Merle (du).	1735	St-Cyr.	1745
Merle (du).	1766	P. du Roi.	1782
Mesenge de Beaurepaire.	1765	P. du Roi.	1779
Mesniel de Sommeri.	1726	P. du Roi.	1741
Mesniel (du).	1774	Ec. Milit.	1785
Mesnil Adelée de Draqueville (du).	1704	St-Cyr.	1716
Mesnil de la Plesse (du).	1766	Ec. Milit.	1775
Mesnil de Saint-Valery (du).	1750	St-Cyr.	1761
Mesnil de Saint-Vallery (du).	1652	St-Cyr.	1662
Mesnil (du).	1687	P. du Roi.	1703
Meurdrac (de).	1681	P. du Roi.	1695
Mezières (de).	1672	St.-Cyr.	1686
Mezières de l'Espervanche.	1762	Ec. Milit.	1772
Michel de Cambernon.	1711	P. du Roi.	1727
Michel de Cambernon.	1678	P. du Roi.	1694
Michel de Monthuchon.	1756	St.-Cyr.	1767
Miffant d'Ancourt.	1737	St-Cyr.	1752
Mire (de).	1778	Ec. Milit.	1788
Moges de Saint-George.	1681	P. du Roi.	1698
Moisson de Précorbin.	1761	Ec. Milit.	1769
Moisson de Précorbin.	1715	St-Cyr.	1725
Moncel de Martinvast.	1702	St-Cyr.	1713
Monchy (de).	1748	Ec. Milit.	1760
Monchy (de).	1748	Ec. Milit.	1760
Monchy (de).	1750	St-Cyr.	1761
Monssures d'Hévécour.	1687	St-Cyr.	1696
Montagu d'O.	1713	P. du Roi.	1728
Montecler.	1683	P. du Roi.	1698
Monstiers de la Couronnne.	1766	St-Cyr.	1776
Montiers (des).	1741	St-Cyr.	1752
Montiers (des).	1773	Ec. Milit.	1783
Montigni (de).	1732	P. du Roi.	1746
Montulé (comte de).	1678	P. du Roi.	1692
Morel d'Aché.	1763	P. du Roi.	1776
Morel de la Carbonnière.	1773	Ec. Milit.	1783

NOMS.	DATE de la naissce.	POSITION.	
Morel de Putanges.	1686	*P. du Roi.*	1702
Morge de Seineville.	1694	*St-Cyr.*	1702
Morin de Baneville.	1740	*P. du Roi.*	1754
Morin de Montcanisy.	1738	*P. du Roi.*	1753
Mornai Mont Chevreuil, seigneur de Ponchon.		*St-Cyr.*	1716
Mornay (de).	1766	*P. de la Reine.*	1780
Moucheron (de).	1758	*Enfant-Jésus.*	
Moutes (des).	1753	*St-Cyr.*	1763
Moutier Sainte-Marie (du).	1712	*P. du Roi.*	1727
Moutis (des).	1748	*St-Cyr.*	1760
Mouton de Boisdeffe.	1720	*P. du Roi.*	1735
Narquetel de Montfort.	1701	*P. du Roi.*	1718
Néel de Sainte-Marie.	1714	*P. du Roi.*	1731
Nicolle (de).	1753	*St-Cyr.*	1764
Nolent (de).	1707	*St-Cyr.*	1717
Nollent (de).	1742	*P. du Roi.*	1756
Nollent (de).	1728	*St-Cyr.*	1736
Nollent (de).	1745	*St-Cyr.*	1753
Nollent (de).	1766	*P. du Roi.*	1780
Nollent de Chandé.	1741	*P. du Roi.*	1756
Nollent de Coullerville.	1764	*Ec. Milit.*	1772
Nollent de Fatouville.	1757	*Ec. Milit.*	1768
Nompère de Champagny.	1734	*St-Cyr.*	1746
Nonant (comte de).	1725	*P. du Roi.*	1739
Normanville (de).	1721	*St-Cyr.*	1732
Normanville (de).	1676	*St-Cyr.*	1686
Noyon d'Hérouval.	1672	*St-Cyr.*	1686
Odoard.	1688	*St-Cyr.*	1698
Orglandes de Briouze.	1716	*P. du Roi.*	1730
Orieult de Grandmare.	1753	*Ec. Milit.*	1764
Osmont.	1668	*P. du Roi.*	1686
Osmont.	1701	*St-Cyr.*	1711
Osmont (d').	1713	*P. du Roi.*	1729
Osmont (d').	1679	*St-Cyr.*	1686
Osmont (d').	1683	*P. du Roi.*	1702
Ouen (de saint).	1728	*St-Cyr.*	1740
Ouen (de saint).	1751	*St-Cyr.*	1762
Pacaroni d'Esbourg.	1698	*St-Cyr.*	1706
Paillardde (de).	1749		

NOMS.	DATE de la naissce.	POSITION.	
Paillard d'Hardivilliers.	1753	*Ec. Milit.*	1764
Paillart (de).	1668	*St-Cyr.*	1686
Paillart (de).	1676	*St-Cyr.*	1686
Panthou (de).	1779	*St-Cyr.*	1688
Parent de Saint-Ouen.	1745	*Ec. Milit.*	1756
Parfouru (de).	1771	*Enfant-Jésus.*	1784
Parfourru de Joudeaux.	1761	*Ec. Milit.*	1770
Patri de Nogent.	1717	*St-Cyr.*	1728
Payen de Chavry.	1745	*P. du Roi.*	1761
Pellegars de Mallortie.	1777	*St-Cyr.*	1786
Pellegars de Malortie.	1763	*Ec. Milit.*	1772
Perci de Monchamps.	1711	*P. du Roi.*	1726
Percy (de).	1755	*St-Cyr.*	1765
Percy (de).	1752	*Ec. Milit.*	1762
Perier de la Chevalerie.	1707	*St-Cyr.*	1717
Perier de Villiers.	1734	*St-Cyr.*	1746
Perier du Hanoy.	1745	*St-Cyr.*	1755
Perin de Gauville.	1701	*P. du Roi.*	1718
Perrois du Boucheau.	1673	*St-Cyr.*	1687
Perrois du Boucheau.	1706	*St-Cyr.*	1717
Pertuis (de).	1716	*P. du Roi.*	1731
Pestel de Normandie.	1689	*P. du Roi.*	1705
Petit de la Gayère.	1704	*St-Cyr.*	1715
Pierrepont (de).	1767	*Ec. Milit.*	1777
Piffaut de la Houssaye.	1727	*St-Cyr.*	1739
Pigace.	1687	*St-Cyr.*	1696
Pigace de Laubrière.	1734	*St-Cyr.*	1744
Pigace de Laubrière.	1731		
Pilavoine du Coudrai.	1686	*St-Cyr.*	1694
Pilavoine du Coudrai.	1678	*St-Cyr.*	1686
Pillavoine du Deffend.	1697	*St-Cyr.*	1707
Pioger de Rétonval.	1750	*Ec. Milit.*	1760
Piscard (de).	1724	*St-Cyr.*	1733
Piscard de Travail.	1683	*St-Cyr.*	1692
Poilvilain de Crenai.	1686	*P. du Roi.*	1702
Poilvilain de Misouard.	1758	*Ec. Milit.*	1774
Poisson d'Auville.	1743	*St-Cyr.*	1755
Pol (de saint).	1732	*P. du Roi.*	1747
Pol (de saint).	1733	*St-Cyr.*	1745
Pol (de saint).	1730	*P. du Roi.*	1745

NOMS.	DATE de la naiss^ce.	POSITION.	
Pol (de saint).	1695	*St-Cyr.*	1705
Pol du Fai (saint).	1695	*St-Cyr.*	1706
Ponville (de).	1678	*St-Cyr.*	1686
Portail d'Apremont.	1674	*St-Cyr.*	1686
Postel des Minières.	1712	*St-Cyr.*	1722
Portel du Colombier.	1690	*St-Cyr.*	1699
Potin des Minières.	1727	*St-Cyr.*	1739
Poullain de Brustel.	1765	*Ec. Milit.*	1774
Poulleur (de).	1668	*P. du Roi.*	1683
Prael (du).	1733	*P. du Roi.*	1749
Prael (du).	1739	*P. du Roi.*	1753
Preteval Canilleuse.	1709	*St-Cyr.*	1718
Putecotte (de).	1757	*St-Chr.*	1767
Putecotte de Reneville.	1748	*Ec. Milit.*	1760
Quentin (de saint).	1682	*P. du Roi.*	1698
Quesnoy (du).	1775	*St-Cyr.*	1785
Quincarnon (de).	1703	*St-Cyr.*	1712
Quincarnon de Boissi.	1696	*St-Cyr.*	1704
Quincarnon de Boissi.	1728	*St-Cyr.*	1736
Rabodanges (de).	1724	*P. du Roi.*	1740
Radulph de l'Estang.	1730	*St-Cyr.*	1741
Rassent (de).	1749	*St-Cyr.*	1761
Rely de Quimboc.	1736	*P. du Roi.*	1752
Remi (de).	1681	*P. du Roi.*	1698
Remi (de saint).	1719	*P. du Roi.*	1719
Riencour d'Arteux.	1712	*St-Cyr.*	1720
Robillard (de).	1730	*P. du Roi.*	1747
Robard (de).	1679	*St-Chr.*	1686
Romé (de).	1752	*Ec. Milit.*	1765
Romé (de).	1754	*St-Cyr.*	1765
Romé-Fréquiennes.	1714	*St-Cyr.*	1721
Roquigni de Bulonde de Linemare.	1720	*St-Cyr.*	1729
Roquigny.	1676	*St-Cyr.*	1689
Roquigny de Rochefort.	1754	*St-Cyr.*	1762
Rosée de Courteilles.	1680	*St-Cyr.*	1688
Rosel (du).	1763	*Ec. Milit*	1773
Rosnivinin de Chamboy.	1731	*P. du Roi.*	1746
Rotours de la Chaux.	1778	*Ec. Milit.*	1787
Rotours de Saint-André.	1741	*P. du Roi.*	1757

NOMS.	DATE de la naiss^ce.	POSITION.	
Rouil de Boismaffot.	1777	*Ec. Milit.*	1785
Roussel (de).	1689	*St-Cyr.*	1697
Roussel de la Boissaye.	1744	*P. du Roi.*	1759
Roussel de Goderville.	1726	*P. du Roi.*	1743
Roux de Bérigny.	1746	*P. du Roi.*	1759
Ruault.	1761	*Ec. Milit.*	1771
Ruault de la Haie du Val.	1735	*St-Cyr.*	1745
Ruaut.	1750	*St-Cyr*	1761
Ruaut de la Bonnerie.	1716	*St-Cyr.*	1725
Ruel des Landais.	1761	*Ec. Milit.*	1774
Ruel (du).	1772	*St-Cyr.*	1780
Rupière (de).	1702	*St-Cyr.*	1712
Rupière de Vaufermant.	1733	*St-Cyr.*	1743
Sabine de la Quièze.	1716	*P. du Roi.*	1731
Saffrai d'Engranville.	1733	*P. du Roi.*	1739
Salnoë (de).	1676	*St-Cyr.*	1686
Sandret de Trianon.	1767	*Ec. Milit.*	1777
Sangle de Fontaine.	1728	*P. de la Reine.*	1753
Sarcilly (de).	1771	*Ec. Milit.*	1782
Saussay (du).	1685	*St-Cyr.*	1692
Saussey de la Champagne.	1763	*Ec. Milit.*	1772
Sauveur (de saint).	1757	*Ec. Milit.*	1771
Sébouville (de).	1713	*St-Cyr.*	1724
Sébouville (de).	1701	*St-Cyr.*	1713
Sems de Vilodom.	1681	*St-Cyr.*	1692
Seran d'Andrieu.	1694	*St-Cyr.*	1701
Seran d'Audrieu.	1756	*Ec. Milit.*	1770
Seran d'Audrieux.	1745	*St-Cyr.*	1752
Séronne (de).	1693	*St-Cyr.*	1704
Soret (de).	1763	*St-Cyr.*	1776
Soret du Filleul.	1766	*Ec. Milit.*	1774
Souquet de La Tour.	1766	*Ec. Milit.*	1777
Sublé de Baufféré.	1703	*P. du Roi.*	1718
Sublet des Noyers.	1682	*P. du Roi.*	1701
Suhard (de).	1764	*St-Cyr.*	1775
Tallevast du Pré.	1745	*Ec. Milit.*	1755
Tascher.	1754	*Ec. Milit.*	1769
Tertre de la Morandière.	1671	*P. du Roi.*	1689
Thiboust (de).	1726	*P. du Roi.*	1747
Thieulin de Saint-Vincent.	1745	*Ec. Milit.*	1755

NOMS.	DATE de la naiss^ce.	POSITION.	
Thiculin de Saint-Vincent.	1745	Ec. Milit.	1755
Thieuville (de).	1719	P. du Roi.	1736
Thirel du Genneté.	1757	Ec. Milit.	1771
Thomas d'Arneville.	1759	Ec. Milit.	1768
Thorel de Bocancé.	1696	St-Cyr.	1703
Thorel de Bocancé.	1696	St-Cyr.	1704
Thoury (de).	1777	St-Cyr.	1787
Tilli-Blaru de Prémont.	1721	St-Cyr.	1732
Tilly (de).	1741	St-Cyr.	1750
Tilly (de).	1756	St-Cyr.	1765
Tilly (de).	1761	St-Cyr.	1772
Tilly de la Tournerie.	1777	St-Cyr.	1787
Tilly du Colombier.	1736	P. du Roi.	1753
Tilly de la Tournerie.	1777	St-Cyr.	1787
Tiremois de Tertu.	1727	P. du Roi.	1746
Touchet de Courcelles.	1707	P. du Roi.	1724
Touchet de Venoix.	1696	St-Cyr.	1707
Tour de Saint-Léger (du).	1733	St-Cyr.	1743
Toustain de Fultot.	1757	P. du Roi.	1773
Toustain de Richebourg.	1746	P. du Roi.	1760
Toustain de Richebourg.	1732	St-Cyr.	1741
Trie de Pillavoine du Deffends.	1764	Ec. Milit.	1778
Tumeri de la Cambe.	1665	St-Cyr.	1686
Tylli de Blaru.	1729	P. du Roi.	1742
Val de Beaumontel.	1731	P. de la Reine.	1746
Val de la Croix.	1772	Ec. Milit.	1783
Valles (de).	1752	Ec. Milit.	1762
Valles (de).	1723	St-Cyr.	1735
Valois de Murcai.	1701	P. du Roi.	1715
Vambez (de).	1744	St-Cyr.	1756
Vambez (de).	1733		1749
Vasconcelles (de).	1756	Ec. Milit.	1766
Vasconcille (de).	1682	St-Cyr.	1693
Vassy (de).	1755	P. du Roi.	1770
Vaufleury de la Durandière.	1776		
Vauquelin	1747	P. du Roi.	1765
Vauquelin.	1737	P. du Roi.	1753
Vauquelin.	1745	P. du Roi.	1758
Vauquelin (de).	1774	P. du Roi.	1789
Vauquelin des Chesnes.	1727	P. du Roi.	1743

NOMS.	DATE de la naiss^ce.	POSITION.	
Vauquelin des Chesnes.	1728	*P. du Roi.*	1746
Vauquelin de Survie de Beaumont.	1726	*P. du Roi.*	1743
Vauquelin du Désert.	1715	*P. du Roi.*	1730
Vauquelin du Dezert.	1740	*P. du Roi.*	1756
Vauquelin du Dezert.	1715	*P. du Roi.*	1730
Venderet d'Herbouville.	1679	*P. du Roi.*	1694
Venderets (de).	1751	*St-Cyr.*	1762
Venderets (de).	1689	*St-Cyr.*	1696
Venderets d'Enitot.	1685	*St-Cyr.*	1694
Venderets d'Herbouville.	1674	*St-Cyr.*	1686
Vénois (de).	1677	*St-Cyr.*	1686
Venois d'Hatenville.	1677	*St-Cyr.*	1686
Venois d'Hattentot.	1740	*St-Cyr.*	1752
Venoix de Garencelle.	1765	*Ec. milit.*	1774
Verdun (de).	1744	*P. du Roi.*	1759
Verdun (de).	1735	*P. du Roi.*	1752
Verdun de Ballant.	1756	*Ec. Milit.*	1766
Verdun de Passais.	1744	*P. du Roi.*	1762
Vergnette d'Alban.	1742	*P. du Roi.*	1757
Vergnette d'Alban.	1754	*P. du Roi.*	1759
Vergnette d'Alban.	1745	*P. du Roi.*	1762
Vergnette d'Hardencourt.	1741	*St-Cyr.*	1752
Villereau à Cerqueuil (de).	1771	*Ec. Milit.*	1773
Villereau (de).	1700	*St-Cyr.*	1712
Villiers (de).	1769	*Ec. Milit.*	1780
Villiers de Hellon.	1697	*P. du Roi.*	1714
Virgile Montorcier (de).	1706	*St-Cyr.*	1713
Vivien de Chernel.	1731	*P. du Roi.*	1748
Vivien de La Champagne.	1736	*P. du Roi.*	1753
Vivien de La Champagne.	1678	*St-Cyr.*	1687
Yon de Launay.	1728	*St-Cyr.*	1738

PROVINCES

DE

POITOU ET LIMOUSIN.

POITOU.

DEUX-SÈVRES — VENDÉE — VIENNE.

NOMS.	DATE de la naissce.	POSITION.	
Acquet d'Hauteporte.	1759	*Ec. Milit.*	1768
Aix La Villedieux.	1692	*P. du Roi.*	1709
Alouë des Ajots (d').	1692	*P. du Roi.*	1708
Aubery du Maurier (d').	1756	*Ec. Milit.*	1770
Aucyron de La Tanchère.	1757	*Ec. Milit.*	1766
Auzi de La Vonte.	1693	*P. du Roi.*	1712
Aymer de La Chevalerie.	1734	*St-Cyr.*	1746
Barberin du Bost et Mondenault.	1701	*P. du Roi.*	1718
Barberin du Monteil.	1753	*St-Cyr.*	17
Barton de Montbas.	1710	*P. du Roi.*	1725
Baudry d'Asson.	1708	*P. du Roi.*	1725
Baudry d'Asson (de).	1750	*P. du Roi.*	1766
Baudry de La Burcerie.	1736	*P. du Roi.*	1755
Beauvolier des Maladières (de).	1671	*St-Cyr.*	1687
Beauvollier (de).	1734	*P. du Roi.*	1751
Béchillon (de).	1752	*St-Cyr.*	1763
Bejarri (de).	1751	*P. du Roi.*	1751
Béjarry (de).	1762	*Ec. Milit.*	1771
Béjarry (de).	1774	*St-Cyr.*	1784
Belleville (de).	1716	*P. du Roi.*	1732
Bellivier (de).	1706	*St-Cyr.*	1716
Beraudin de Pusai.	1676	*St-Cyr.*	1689
Bermondet (de).	1734	*P. du Roi.*	1750
Berthe de Chailli (de).	1673	*St-Cyr.*	1686

NOMS.	DATE de la naiss^ce.	POSITION.	
Bessay (de).	1735	*P. du Roi.*	1753
Beuvier des Paligniers.	1756	*P. du Roi.*	1771
Blom de Beaupuy (de).	1767	*Ec. Milit.*	1778
Boinet La Frémaudière.	1678	*St-Cyr.*	1688
Boison de La Guerche.	1709	*St-Cyr.*	1721
Bonchamp (de).	1735	*P. du Roi.*	1751
Bonnetie de Saint-Ruth (de).	1744	*St-Cyr.*	1755
Bonnetie-Saint-Ruth (de).	1709	*St-Cyr.*	1716
Bouex de Villemort (du).	1745	*P. du Roi.*	1762
Bremond (de).	1761	*P. du Roi.*	1778
Breuïl-Hélion de La Gueronière.	1686	*P. du Roi.*	1703
Bridieu (de).	1724	*St-Cyr.*	1735
Briesse (de).	1733	*P. du Roi.*	1749
Brillac La Garnerie (de).	1686	*St-Cyr.*	1697
Brochart de La Rochebrochart.	1724	*P. du Roi.*	1739
Brossin de Méré.	1688	*St-Cyr.*	1700
Brossin de Méré (de).	1728	*St-Cyr.*	1740
Buor de Layraudière.	1744	*P. du Roi.*	1760
Bussy (de).	1747	*P. du Roi.*	1760
Bussy (de).	1746	*St-Cyr.*	1757
Bussy (de).	1749	*P. du Roi.*	1763
Buzelet (de).	1734	*St-Cyr.*	1746
Chabot du Chaigneau.	1687	*P. du Roi.*	1705
Chaffault (du).	1750	*Ec. Milit.*	1760
Chantereau de La Jouberderie.	1743		
Chantreau de La Jouberderie.	1767	*Ec. Milit.*	1778
Chapelle de Fontaine.	1753	*Ec. Milit.*	1764
Charlet Mondon.	1704	*P. du Roi.*	1720
Chasteauchalon (de).	1760	*St-Cyr.*	1772
Chasteigner.	1746	*St-Cyr.*	1758
Chasteigner (de).	1733	*P. du Roi.*	1749
Chasteigner de Fenesue.	1752	*Ec. Milit.*	1764
Chateigner de Fenessuë.	1696	*P. du Roi.*	1712
Chateigner de Rouvre.	1697	*St-Cyr.*	1708
Chauvelin.	1759	*St-Cyr.*	1769
Chauvelin de Beauregard.	1723	*St-Cyr.*	1733
Chauvelin de Beauregard (de).	1754	*Ec. Milit.*	1765
Chesneau de La Vieuville (de).	1770	*Ec. Milit.*	1784
Chesne de Saint-Léger.	1702	*P. du Roi.*	1719
Chevaleau de Boisragon.	1756	*Ec. Milit.*	1770

NOMS.	DATE de la naiss^ce.	POSITION.	
Chevaleau de Boisragon.	1776	*St-Cyr.*	1786
Chevaleau de Boisvagon.	1694	*P. du Roi.*	1710
Chevalier.	1741	*P. du Roi.*	1760
Chevalier de La Coindardière.	1729	*P. du Roi.*	1745
Chevalier de La Frapinière.	1705	*P. du Roi.*	1719
Chevalier de La Loindardière.	1730	*P. du Roi.*	1784
Chévigné (de).	1746	*P. du Roi.*	1759
Chevigné (de).	1737	*P. du Roi.*	1753
Chevigné de La Grassière (de).	1756	*Ec. Milit.*	1767
Chillac (du).	1697	*St-Cyr.*	1708
Chillau (du).	1693	*P. du Roi.*	1711
Chourses (de).	1741	*Ec. Milit.*	1753
Chourses (de).	1734	*P. du Roi.*	1750
Collasseau de La Machefollière.	1734	*St-Cyr.*	1742
Contade (de).	1666	*P. du Roi.*	1683
Coasnon (de).	1778	*St-Cyr.*	1787
Coué (de).	1699	*St-Cyr.*	1708
Coullaut de Vignaut.	1697	*St-Cyr.*	1708
Courtilhe de Saint-Avit (de).	1769	*Ec. Milit.*	1779
Courtoux (de).	1712	*St-Cyr.*	1722
Crugi de Marcillac.	1720	*P. du Roi.*	1735
Darot de La Boutrochère.	1741	*St-Cyr.*	1753
Delinier.	1672	*St-Cyr.*	1689
Doubaut d'Aunai (de).	1703	*St-Cyr.*	1711
Escoublant (d').	1690	*St-Cyr.*	1700
Fay de La Moisonneuve (de).	1766	*St-Cyr.*	1774
Ferré de La Jarodie (de).	1768	*P. du Roi.*	1783
Ferrières (de).	1715	*P. du Roi.*	1731
Fief de Tanaillac (de saint).	1714	*St-Cyr.*	1722
Fleury de Lhoumède (de).	1756	*Ec. Milit.*	1768
Fouche de Circé.	1671	*P. du Roi.*	1685
Foucher de Circé.	1748	*St-Cyr.*	1760
Foucher de Ligné.	1673	*P. du Roi.*	1689
Fougères (de).	1730	*P. du Roi.*	1746
Francs (des).	1765	*Ec. Milit.*	1774
Frezeau de La Frézelière.	1656	*P. du Roi.*	1687
Frotier de La Messelière.	1710	*P. du Roi.*	1726
Frotier de La Messelière.	1732	*P. du Roi.*	1748
Frottier de La Messelière.	1701	*P. du Roi.*	1718
Gabonin de Puimin.	1711	*P. du Roi.*	1727

NOMS.	DATE de la naissce.	POSITION.	
Garnier.	1747	*P. de la Reine.*	1783
Garnier de La Boissière.	1758	*Ec. Milit.*	1772
Gatimare La Preuilli (de).	1685	*P. du Roi.*	1702
Gazeau de La Boissière.	1720	*P. du Roi.*	1738
Georges (de saint).	1702	*St-Cyr.*	1711
Gonques de Seporet.	1723	*P. du Roi.*	1739
Goulard d'Arçai.	1712	*St-Cyr.*	1724
Gourdeau de Boisrocq.	1745	*P. du Roi.*	1760
Gourgaut de Cerné.	1713	*P. du Roi.*	1731
Greauline (de).	1750	*St-Cyr.*	1761
Grellier de Concise.	1743	*St-Cyr.*	1755
Grellier de Concize.	1745	*Ec. Milit.*	1755
Grignon (de).	1775	*P. du Roi.*	1790
Grignon de Pousauges.	1735	*P. du Roi.*	1753
Grignon de Pousauges.	1738	*St-Cyr.*	1750
Grimouard.	1753	*Ec. Milit.*	1764
Guerri.	1661	*P. du Roi.*	1680
Guerri La Goupillière.	1679	*P. du Roi.*	1680
Guichard d'Orfeuille.	1763	*Ec. Milit.*	1773
Guichard d'Orfeuille.	1697	*P. du Roi.*	1711
Guillaumet de Lerignac (de).	1673	*St-Cyr.*	1686
Guinebault de La Millière (de).	1758	*P. du Roi.*	1775
Guiot d'Asnière.	1699	*P. du Roi.*	1713
Guyot du Repaire.	1777	*Enfant-Jésus.*	1786
Guyot du Repaire.	1778	*St-Cyr.*	1788
Irlaud de Beaumont.	1770	*St-Cyr.*	1779
Jacques de Chiré.	1734	*P. du Roi.*	1750
Jacques seigneur de Chiré.	1699	*St-Cyr.*	1706
Jaillard La Maronnière.	1678	*St-Cyr.*	1688
Janvre de La Moussière.	1700	*P. du Roi.*	1715
Jauvre de Lestortière.	1760	*Ec. Milit.*	1768
Jourdain de Boëstille.	1702	*P. du Roi.*	1718
Jourdain de Villiers.	1762	*St-Cyr.*	1771
Jousbert des Herbiers.	1742	*St-Cyr.*	1752
Jousbert du Landreau.	1754	*P. de la Dauphine.*	1770
Jouslard d'Airon.	1731	*St-Cyr.*	1741
Jousserand (de).	1754	*St-Cyr.*	1763
Jousserant de Lairé (de).	1755	*St-Cyr.*	1771
Jousseraut de La Chaux (de).	1756	*Ec. Milit.*	1770
Laage de La Bretollière (de).	1758	*Ec. Milit.*	1772

NOMS.	DATE de la naiss^ce	POSITION.	
La Barre (de).	1767	*Ec. Milit.*	1779
La Barre de Laage (de).	1751	*St-Cyr.*	1761
La Barre de Loubresay (de).	1747	*Ec. Milit.*	1757
La Barre de Loubresay (de).	1740	*P. du Roi.*	1754
La Broue de Vareilles (de).	1766	*Ec. Milit.*	1775
La Bussière (de).	1675	*St-Cyr.*	1686
La Chastre (de).	1772	*Ec. Milit.*	1783
La Chaussée (de).	1741	*St-Cyr.*	1753
La Corbière (de).	1732	*P. du Roi.*	1749
La Corbière (de).	1715	*P. du Roi.*	1731
La Faire de Bouchaut (de).	1673	*St-Cyr.*	1686
La Faire du Bouchaut.	1722	*St-Cyr.*	1732
La Fayette (de).	1694	*P. du Roi.*	1709
La Fayette (de).	1729	*P. du Roi.*	1748
La Fitte du Courteil (de).	1741	*St-Cyr.*	1748
La Fitte du Courteil (de).	1756	*Ec. Milit.*	1766
La Fontenelle (de).	1744	*P. du Roi.*	1760
La Haie-Montbault (de).	1720	*P. du Roi.*	1738
La Haye de Rignes (de).	1731	*St-Cyr.*	1739
La Lande de La Vau (de).	1680	*St-Cyr.*	1688
La Lande de Vernon (de).	1769	*Ec. Milit.*	1781
La Lande de Vernon (de).	1703	*St-Cyr.*	1714
Landault de Beaufort.	1726	*St-Cyr.*	1738
La Pivardière (de).	1745	*P. du Roi.*	1760
La Porte des Vaux (de).	1704	*St-Cyr.*	1716
La Porte-Vezins La Rambourgère.	1711	*St-Cyr.*	1720
La Rocheaimon de Barbon (de).	1693	*P. du Roi.*	1710
La Rocheaimon de Saint-Maixaut (de).	1694	*St-Cyr.*	1703
La Rocheaimon de Saint-Messant (de).	1695	*P. du Roi.*	1710
La Sayette (de).	1764	*P. du Roi.*	1779
La Touche de la Guillonnière (de).	1777	*Ec. Milit.*	1787
Laurencie de Villeneuve.	1686	*P. du Roi.*	1701
Lauzon La Poupardière (de).	1713	*St-Cyr.*	1721
La Ville (de).	1736	*P. du Roi.*	1752
La Ville Féroles des Dorides (de).	1696	*P. du Roi.*	1712
La Voirie (de).	1700	*St.-Cyr.*	1711
La Voirie (de).	1779	*Ec. Milit.*	1788
Le Clerc de Brion.	1714	*P. du Roi.*	1729
Le Clerc de La Terrière.	1724	*P. du Roi.*	1740
Légier de la Sauvagière.	1716	*P. du Roi.*	1734

NOMS.	DATE de la naissce.	POSITION.	
Le Mastin de Nuaillé.	1721	*P. du Roi.*	1738
Le Maye de Moyseau.	1745	*Ec. Milit.*	1756
Le Noir.	1775	*St-Cyr.*	1782
Le Picard de Phelipeaux.	1767	*Ec. Milit.*	1779
Lescours (de).	1773	*St-Cyr.*	1783
L'Estrange (de).	1681	*P. du Roi.*	1700
Lhuillier de La Chapelle.	1756	*Ec. Milit.*	1767
Liniers (de).	1763	*St-Cyr.*	1771
Liniers (de).	1765	*Ec. Milit.*	1777
Livenne de Verdilles (de).	1678	*St-Cyr.*	1687
Magnart de La Claye.	1732		1749
Mallevault (de).	1754	*Ec. Milit.*	1769
Mallevault (de).	1754	*Ec. Milit.*	1769
Mansion (de).	1725	*St-Cyr.*	1736
Marans de La Bastide (de).	1744	*Ec. Milit.*	1753
Marconnai (de).	1705	*St-Cyr.*	1714
Martin de Baignac (de saint).	1711	*P. du Roi.*	1727
Marsauges (de).	1766	*Ec. Milit.*	1774
Mascureau de Saint-Terré (de).	1707	*P. du Roi.*	1723
Maynard de Chanay.	1736	*P. du Roi.*	1751
Maynard de Saint-Gillet.	1737	*P. du Roi.*	1754
Maynard de Saint-Gillet.	1737	*P. du Roi.*	1754
Mendion (de).	1757	*Ec. Milit.*	1771
Mesnard.	1767	*Ec. Milit.*	1777
Mesnard (de).	1766	*St-Cyr.*	1778
Mesnard du Langon.	1767	*P. du Roi.*	1782
Menou (de).	1691	*St-Cyr.*	1702
Menou (de).	1759	*Ec. Milit.*	1768
Messéné (de).	1677	*P. du Roi.*	1690
Mondion (de).	1754	*St-Cyr.*	1765
Montaigu de Bois-Davi (de).	1677	*St-Cyr.*	1687
Montcornet (de).	1690	*St-Cyr.*	1701
Montjon (de).	1776	*Ec. Milit.*	178
Morais de Cérisac.	1722	*P. du Roi.*	1739
Mosnard (du).	1755	*Ec. Milit.*	1766
Moussi La Contour (de).	1706	*P. du Roi.*	1724
Moysen.	1745	*P. du Roi.*	1759
Moysen (de).	1770	*St-Cyr.*	1780
Moysen de Laugerie.	1737	*P. du Roi.*	1753
Muzard de Champlebon.	1686	*St-Cyr.*	1696

NOMS.	DATE de la naissce.	POSITION.	
Nossay (de).	1740	*P. du Roi.*	1754
Nos de Moussai (des).	1685	*St-Cyr.*	1692
Neufchezes (de).	1708	*P. du Roi.*	1724
Perry de Nieurt.	1733	*P. du Roi.*	1749
Poitevin du Plessis-Landry de La Rochelle.	1744	*P. du Roi*	1760
Portebize (de).	1679	*St-Cyr.*	1686
Prévost de l'Heau.	1676	*St-Cyr.*	1686
Prévost de Londigni.	1674	*St-Cyr.*	1686
Prévost de Traversai.	1735	*St-Cyr.*	1744
Prévost de Traversay.	1762	*Ec. Milit.*	1770
Prévost-Touchimbert.	1694	*St-Cyr.*	1704
Prévot de Fouchimbert.	1676	*St-Cyr.*	1686
Prevot-Traversais.	1667	*P. du Roi.*	1683
Prez de La Grallière (des).	1759	*Ec. Milit.*	1769
Ravenel (de).	1692	*St-Cyr.*	1700
Razes (de).	1756	*Ec. Milit.*	1765
Rechignevoisin de Guron (de).	1724	*P. du Roi.*	1740
Richard de La Bertonalière.	1768	*Ec. Milit.*	1778
Robert du Chalard.	1737	*P. du Roi.*	1753
Robert du Chaon.	1665	*P. du Roi.*	1683
Rochedragon.	1672	*P. du Roi.*	1687
Rognac.	1691	*St-Cyr.*	1700
Ronsay de La Barbélinière (du).	1744	*Ec. Milit.*	1756
Roquart-Saint-Laurent.	1693	*P. du Roi.*	1708
Rouex de Villemort (du).	1715	*P. du Roi.*	1731
Savatte de Genouillé (de).	1779	*Ec. Milit.*	1788
Savatte de La Ressonnière.	1750	*Ec. Milit.*	1760
Savatte de La Ressonnière.	1756	*St-Cyr.*	1768
Serin La Cordinière.	1707	*St-Cyr.*	1714
Souffrain.	1756	*Ec. Milit.*	1772
Tacquenet.	1768	*Ec. Milit.*	1780
Taveau de Mortemer.	1778	*Ec. Milit.*	1788
Teillé de Laubray.	1749	*Ec. Milit.*	1760
Thibault.	1693	*P. du Roi.*	1710
Thibault d'Allerit.	1769	*Ec. Milit.*	1784
Thibault d'Allerit.	1776	*St-Cyr.*	1785
Thoreau.	1746	*St-Cyr.*	1756
Thoreau de La Martinière.	1747	*Ec. Milit.*	1757
Thubert de La Vrillay.	1763	*Ec. Milit.*	1772
Thubert de La Vrillaye.	1743	*St-Cyr.*	1755

NOMS.	DATE de la naiss^ce.	POSITION.	
Tinguy de Nesmy.	1724	*P. du Roi.*	1741
Touzalin.	1773	*Ec. Milit.*	1784
Trion de Montalembert (du).	1758	*Ec. Milit.*	1772
Tusseau de Maisontières (de).	1776	*Ec. Milit.*	1786
Tuvert de La Bournalière.	1713	*P. du Roi.*	1726
Vandel (de).	1759	*Ec. Milit.*	1770
Vaugiraud (de).	1774	*P. du Roi.*	1787
Vaugiroud (de).	1739	*P. du Roi.*	1757
Verger La Rochejaquelin (du).	1692	*P. du Roi.*	1708
Verteuil (de).	1759	*Ec. Milit.*	1768
Viart de La Motte d'Usseau.	1745	*P. du Roi.*	1761
Viault du Breuillac.	1695	*P. du Roi.*	1711
Vidard de Sainte-Clair.	1696	*P. du Roi.*	1711
Villedon (de).	1766	*St-Cyr.*	1777
Villedon (de).	1733	*P. du Roi.*	1749
Villedon (de).	1699	*P. du Roi.*	1715
Villedon (de).	1756	*Ec. Milit.*	1766
Villedon de Gournai (de).	1716	*P. du Roi.*	1731
Villedon de Gournai (de).	1719	*P. du Roi.*	1734

LIMOUSIN.

CORRÈZE. — CREUSE. — HAUTE-VIENNE.

NOMS.	DATE de la naiss^ce.	POSITION.	
Ajasson.	1749	*Ec. Milit.*	1783
Anteroches (d').	1757	*St-Cyr.*	1767
Auboust des Vergnes.	1691	*P. du Roi.*	1712
Auboux des Vergnes.	1733	*P. du Roi.*	1749
Aubusson-Castenouvel.	1687	*St-Cyr.*	1696
Authier de La Bastide.	1707	*St-Cyr.*	1718
Bac du Couderc (du).	1778	*Ec. Milit.*	1788
Barthon de Montbas de Massenon.	1745	*P. du Roi.*	1759
Beauvoire de Villac (de).	1709	*St-Cyr.*	1720
Bermondet de Cromières (de).	1734	*St-Cyr.*	1745
Bertrand de Beaumont.	1738	*P. du Roi.*	1756
Boisse (de).	1677	*P. du Roi.*	1712
Boisseuil (de).	1755	*Ec. Milit.*	1765
Boisseuil (de).	1740	*P. du Roi.*	1756

NOMS.	DATE de la naiss^ce.	POSITION.	
Boisseuil (de).	1737	*P. du Roi.*	1752
Boisseuil (de).	1727	*St-Cyr.*	1739
Boisseuil (de).	1753	*P. du Roi.*	1769
Boisseuil (de).	1725	*P. du Roi.*	1740
Boni de La Vergne.	1714	*St-Cyr.*	1725
Bony de Ladignac.	1736	*P. du Roi.*	1754
Bony de La Vergne (de).	1731	*P. du Roi.*	1748
Boucheron d'Ambrugeac (du).	1708	*St-Cyr.*	1716
Boucheron de Ambrugeac (du).	1770	*Ec. Milit.*	1779
Boucheron de Saint-Hippolyte (du).	1743	*Ec. Milit.*	1754
Bousquet de Saint-Pardoux (du).	1766	*P. du Roi.*	1782
Brachet (de).	1762	*St-Cyr.*	1774
Brachet de La Bastide (de).	1771	*Ec. Milit.*	1782
Bradet (de).	1753	*P. du Roi.*	1768
Brette du Cros (de).	1716	*P. du Roi.*	1731
Brettes (de).	1741	*St-Cyr.*	1752
Brettes (de).	1776	*Ec. Milit.*	1786
Breuil de Lordouce (du).	1697	*St-Cyr.*	1697
Brie de Soumagnac (de).	1724	*St-Cyr.*	1733
Bruchard (du).	1751	*St-Cyr.*	1762
Bruchard de La Pomelie (Mlle de).	1778	*St-Cyr.*	1788
Bruchard de La Pomélie (de).	1779	*St-Cyr.*	1789
Brugière de Farsat (de).	1774	*Ec. Milit.*	1785
Carbonières (de).	1738	*St-Cyr.*	1749
Carbonière-Saint-Brice (de).	1715	*P. du Roi.*	1729
Carbonnières (de).	1769	*P. du Roi.*	1782
Chabannes (de).	1727	*St-Cyr.*	1738
Chamans (de saint).	1744	*P. du Roi.*	1758
Chamborant (de).	1745	*Ec. Milit.*	1756
Chamborant (de).	1742	*St-Cyr.*	1753
Chamborant (de).	1732	*P. du Roi.*	1745
Chardebeuf de Pradel.	1746	*Ec. Milit.*	1756
Chasteigner.	1742	*P. du Roi.*	1759
Chouly de Permangle (de).	1755	*Ec. Milit.*	1766
Conac (de).	1693	*P. du Roi.*	1708
Corbier de Lombert.	1764	*Ec. Milit.*	1777
Corbiers (de).	1744	*P. du Roi.*	1759
Corbiers (de).	1729	*P. du Roi.*	1747
Corbiers de Lombert (de).	1761	*P. du Roi.*	1778
Corn-Caissac (de).	1712	*St-Cyr.*	1720

NOMS.	DATE de la naiss^ce.	POSITION.	
Corn du Peyroux (de).	1752	*St-Cyr.*	1760
Cosnac (de).	1753	*Ec. Milit.*	1764
Cosnac (de).	1751	*St-Cyr.*	1762
Cosnac (de).	1776	*St-Cyr.*	1780
Coustin du Masnadau.	1762	*Enfant-Jésus.*	1771
Coustin du Masnadau.	1747	*P. du Roi.*	1763
Coux de Chatenet (de).	1765	*P. du Roi.*	1778
Coux du Chatenet (de).	1702	*P. du Roi.*	1720
Coux du Chatenet (de).	1741	*P. du Roi.*	1756
Coux du Chatenet (de).	1708	*St-Cyr.*	1718
David de Lastours.	1768	*P. du Roi.*	1781
David de Lastours (de).	1776	*St-Cyr.*	1783
David de Lastours (de).	1731	*St-Cyr.*	1742
David des Etangs (de).	1777	*St-Cyr.*	1787
David des Etangs (de).	1776	*Ec. Milit.*	1786
David des Renaudies (de).	1759	*Ec. Milit.*	1770
David de Venteaux (de).	1770	*St-Cyr.*	1780
Durat.	1750	*St-Cyr.*	1761
Escravayat de Belat (d').	1773	*P. du Roi.*	1789
Estournan de Tersannes.	1772	*St-Cyr.*	1782
Estourneau Tersannes.	1710	*St-Cyr.*	1718
Estresses (d').	1742	*P. du Roi.*	1758
Faulte de Vanteaux.	1779	*Ec. Milit.*	1788
Ferré de Frédières.	1739	*P. du Roi.*	1757
Fieux de Montaunet (de).	1776	*Ec. Milit.*	1785
Fin des Batimens de Bessai (du).	1736	*St-Cyr.*	1746
Fornel (de).	1777	*St-Cyr.*	1786
Foucaud de Marimont (de).	1751	*Ec. Milit.*	1762
Fraisse de Beausoleil (du).	1715	*St-Cyr.*	1726
Gain de Linard (de).	1769	*P. du Roi.*	1785
Gain de Montaignac (de).	1747	*St-Cyr.*	1758
Gain de Montagnac (de).	1741	*P. du Roi.*	1756
Gaing de Linars (de).	1692	*P. du Roi.*	1709
Garreau (de).	1753	*St-Cyr.*	1765
Garreau de Grésignac (du).	1769	*Ec. Milit.*	1780
Gauttier de Montgaultier.	1771	*St-Cyr.*	
Gay de Nexon (de).	1729	*St-Cyr.*	1740
Gentil de La Donchapt (de).	1753	*P. de la Dauphine.*	1770
Gentil La Jonchapt.	1686	*St-Cyr.*	1696
George (de saint).	1768	*St-Cyr.*	1778

NOMS.	DATE de la naissce.	POSITION.	
Gibanel de Combarel de Vernège (du).	1760	*Ec. Milit.*	1768
Gibanel de Vernège (du).	1764	*St-Cyr.*	1772
Grain de Saint-Marsault.	1744	*P. du Roi.*	1759
Grain de Saint-Marsault.	1750	*P. du Roi.*	1766
Guillaume de Rochebrune (de).	1747	*P. du Roi.*	1747
Guiot du Dognon.	1681	*St-Cyr.*	1691
Hugon du Prat.	1714	*St-Cyr.*	1722
Jaonin de Ribagnac.	1749	*St-Cyr.*	1761
Jarrige de La Mozélie de Puiredon (de).	1772	*St-Cyr.*	1782
Jarrige de La Mozelie des Biards (de)	1762	*Ec. Milit.*	1770
Jouffineau de Fayat (de).	1765	*St-Cyr.*	1773
Jousselin de Lord.	1740	*P. du Roi.*	1757
Joussineau (de).	1754	*P. du Roi.*	1770
Joussineau de Faïat.	1676	*P. du Roi.*	1692
Joussineau de Fayat.	1722	*St-Cyr.*	1733
Joussineau de Fayat (de).	1748	*P. du Roi.*	1763
Joussineau de Tourdonnet.	1720	*P. du Roi.*	1737
Joussineau de Tourdonnet (de).	1730	*P. du Roi.*	1746
La Bermondie d'Auberoche (de).	1739	*P. du Roi.*	1756
La Borde de Grancher (de).	1764	*Ec. Milit.*	1777
La Chaussée (de).	1756	*Ec. Milit.*	1766
La Grange de Tarnac (de).	1760	*Ec. Milit.*	1772
La Lande (de).	1678	*St-Cyr.*	1688
La Lande de Lavau de Saint-Etienne (de).	1748	*P. du Roi.*	1763
La Lande de Lavau de Saint-Étienne (de).	1743	*P. du Roi.*	1760
La Lande de Saint-Etienne (de).	1767	*P. du Roi.*	1782
La Lande-Saint-Étienne de Lavau (de).	1708	*St-Cyr.*	1716
La Mothe de Flomond (de).	1756	*Ec. Milit.*	1766
La Mothe de Flomont (de).	1753	*St-Cyr.*	1763
La Motte-Saint-Pardous.	1677	*P. du Roi.*	1693
La Pomélie (de).	1778	*Enfant-Jésus.*	1789
La Roche du Ronzet (de).	1719	*St-Cyr.*	1728
La Serre (de).	1765	*P. du Roi.*	1782
Lasquet de Priézat de Saint-Mémy.	1741	*P. du Roi.*	1757
Lasquet de Salaignac.	1741	*St-Cyr.*	1753
Lasteirie de Saillant (de).	1713	*P. du Roi.*	1728
Lasteirie de Saillant (de).	1708	*P. du Roi.*	1724
Lasterie de Saillant (de).	1752	*St-Cyr.*	1761
Lasterie du Saillant.	1677	*P. du Roi.*	1692
Lastic de Saint-Jal (de).	1772	*St-Cyr.*	1782

NOMS.	DATE de la naiss^{ce}.	POSITION.	
Lastic de Saint-Jal (de).	1764	*Ec. Milit.*	1733
La Tours Neuvillars.	1687	*St-Cyr.*	1698
La Vergne (de).	1762	*Ec. Milit.*	1771
Le Chamborant.	1691	*St-Cyr.*	1702
Lentillac (de).	1710	*St-Cyr.*	1720
Léonard de Saint-Cyr.	1767	*Ec. Milit.*	1777
Lescours (de).	1721	*St-Cyr.*	1732
Lescours (de).	1757	*Enfant-Jésus.*	17
Ligondez (de).	1685	*P. du Roi.*	1700
Londeix de La Brosse (de).	1761	*Ec. Milit.*	1769
Loyac de La Bachellerie (de).	1731	*St-Cyr.*	1741
Loyac de La Bachellerie (de).	1758	*Ec. Milit.*	1772
Loyac de La Bachellevie (de).	1736	*P. du Roi.*	1750
Lubersac (de).	1737	*P. du Roi.*	1755
Lubersac de Chabrignac (de).	1694	*St-Cyr.*	1705
Lubersac de Chabrignac (de).	1742	*St-Cyr.*	1750
Lubersac de Livron (de).	1713	*P. du Roi.*	1731
Lubersac de Livron (de).	1711	*St-Cyr.*	1721
Luchet de La Motte (de).	1748	*St-Cyr.*	1760
Malbose (de).	1728	*P. du Roi.*	1741
Marsauges (des).	1767	*St-Cyr.*	1778
Martin de Bagnac (de saint).	1755	*P. du Roi.*	1774
Mascureau de Blaimbeau.	1723	*St-Cyr.*	1723
Maumont (de).	1772	*P. du Roi.*	1786
Maussac (de).	1739	*St-Cyr.*	1751
Mirambel (de).	1755	*Ec. Milit.*	1767
Monfrabeuf de Razat (de).	1756	*Ec. Milit.*	1767
Montaignac (de).	1755	*P. de la Dauphine.*	1770
Montalembert (de).	1732	*P. du Roi.*	1746
Montbel (de).	1707	*St-Cyr.*	1718
Montbel (de).	1753	*St-Cyr.*	1762
Mont de La Franconie (du).	1761	*Ec. Milit.*	1770
Montel de La Molhière.	1752	*Ec. Milit.*	1764
Montiers (des).	1739	*St-Cyr.*	1749
Montiers-Mérinville La Valette (des).	1703	*St-Cyr.*	1713
Mosnard de Villefavard (du).	1724	*St-Cyr.*	1735
Moulin de la Coutancères (du).	1764	*St-Cyr.*	1775
Nicolas de La Coste (de).	1763	*Ec. Milit.*	1771
Nollet de Leypaud (de).	1750	*Ec. Milit.*	1761
Pareld'Espeyrut de La Chatonnie.	1755	*Ec. Milit.*	1767

PROVINCE

DE

PROVENCE, COMTAT D'AVIGNON.

PROVENCE, COMTAT D'AVIGNON.

BASSES-ALPES. — BOUCHES-DU-RHÔNE. — VAR. — VAUCLUSE.

NOMS.	DATE de la naiss^ce.	POSITION.	
Achards de La Beaume (des).	1728	*St-Cyr.*	1735
Agard (d').	1769	*St-Cyr.*	1779
Agmini (d').	1731	*P. du Roi.*	1744
Agoult (d').	1747	*Ec. Milit.*	1755
Albertas (d').	1717	*P. du Roi.*	1731
Albret (d').	1733	*P. du Roi.*	1746
Antonelle de Saint-Léger (d').	1680	*P. du Roi.*	1702
Aporieux de La Balme (d').	1755	*St-Cyr.*	1767
Arcizas d'Estansan (d').	1764	*Ec. Milit.*	1756
Arcussia du Revest (d').	1710	*P. du Roi.*	1725
Audifret.	1683	*P. du Roi.*	1698
Audifret de Beauchamps (d').	1729	*P. du Roi.*	1745
Autric de Vintimille (d').	1750	*P. du Roi.*	1758
Autric de Vintimille (d').	1747	*P. du Roi.*	1762
Autric de Vintimille de Beaumettes.	1745	*P. du Roi.*	1760
Ayminy de Mablan (d').	1755	*St-Cyr.*	1766
Barlatier de Mas (de).	1768	*Ec. Milit.*	1779
Bausset (de).	1768	*Ec. Milit.*	1778
Bausset (de).	1684	*P. du Roi.*	1699
Bayol de Peyresc (de).	1767	*Ec. Milit.*	1767
Beaulieu (de).	1724	*St-Cyr.*	1736
Beauquaire (de).	1776	*St-Cyr.*	1786
Bérard.	1717	*St-Cyr.*	1725

NOMS.	DATE de la naiss^ce.	POSITION.	
Bernard de Sainte-Andiol (de).	1716	*P. du Roi.*	1735
Bernardi de Sigoyër.	1712	*St-Cyr.*	1723
Bernier de Pierrevert.	1752	*St-Cyr.*	1763
Bertel de La Clue (de).	1729	*St-Cyr.*	1740
Biliotti (de).	1761	*Enfant-Jésus.*	1773
Biliotti (de).	1754	*Ec. Milit.*	1764
Binos (de).	1766	*P. du Roi.*	1781
Bionneau (de).	1666	*P. du Roi.*	1681
Boni de Bauchamps.	1674	*P. du Roi.*	1689
Bouliers.	1684	*St-Cyr.*	1696
Bouquier (de).	1760	*P. du Roi.*	1773
Bourgarel.	1735	*P. du Roi.*	1751
Bourguignon de La Mare.	1750	*P. du Roi.*	1765
Bourguignon de La Mure.	1723	*St-Cyr.*	1734
Bourguignon de La Mure.	1722	*P. du Roi.*	1737
Boutin de Valouze.	1671	*P. du Roi.*	1687
Burle de Champelosne.	1766	*Ec. Milit.*	1777
Calvière (de).	1693	*P. du Roi.*	1711
Cambis (de).	1746	*St-Cyr.*	1755
Cambis de Velleron.	1706	*P. du Roi.*	1722
Cambis d'Orsan (de).	1675	*P. du Roi.*	1690
Castellane (de).	1718	*St-Cyr.*	1728
Castillon (de).	1736	*St-Cyr.*	1746
Castillon de Beines (de).	1718	*P. du Roi.*	1734
Chabert (de).	1753	*St-Cyr.*	1765
Chieusses de Combaud.	1767	*Ec. Milit.*	1777
Cicéri (de).	1695	*St-Cyr.*	1704
Clapiers de Collongues (de).	1773	*Ec. Milit.*	1784
Cloreli.	1671	*P. du Roi.*	1686
Cohorn (de).	1719	*St-Cyr.*	1728
Cohorn La Palun (de).	1726	*St-Cyr.*	1738
Conseil (de).	1729	*P. du Roi.*	1743
Conolis de Corbières.	1705	*P. du Roi.*	1719
Cuers de Cogolin (de).	1696	*St-Cyr.*	1708
Dedons de Pierrefeu.	1732	*P. du Roi.*	1750
D'Eme de Moragne.	1757	*Ec. Milit.*	1771
D'Encausse de Labatut.	1760	*Ec. Milit.*	1770
D'Encausse de Labatut.	1679	*St-Cyr.*	1779
D'Estienne de Montplaisir.	1766	*St-Cyr.*	1773
Donodei de Campredon.	1706	*P. du Roi.*	1721

NOMS.	DATE de la naiss^ce.	POSITION.	
Donodei de Campredon.	1738	*P. du Roi.*	1753
Donodei de Campredon.	1709	*P. du Roi.*	1724
Doria.	1702	*P. du Roi.*	1720
Faudran (de).	1770	*St-Cyr.*	1780
Ferre (de).	1748	*St-Cyr.*	1759
Florans de Mollières (de).	1749	*Ec. Milit.*	1760
Forbin de Gardanne.	1770	*Enfant-Jésus.*	1781
Forbin de Gardanne.	1766	*St-Cyr.*	1776
Forbin de Janson.	1670	*P. du Roi.*	1683
Foressa (de).	1723	*St-Cyr.*	1733
Fortia de Durban (de).	1756	*Ec. Milit.*	1770
Fortia de Forville (de).	1678	*P. du Roi.*	1694
Fortia de Piles.	1676	*P. du Roi.*	1694
Fournier d'Aultane.	1759		
Fournier d'Aultane.	1759	*St-Cyr.*	1771
Fressemannes (de).	1766	*St-Cyr.*	1777
Gaillard (de).	1765	*Ec. Milit.*	1777
Galiens-Gadane (de).	1704	*P. du Roi.*	1720
Galliffet (de).	1745	*Ec. Milit.*	1754
Gantes (de).	1761	*Enfant-Jésus.*	1770
Geoffroy du Roulet.	1746	*St-Cyr.*	1757
Gérente de Sénas (de).	1720	*P. du Roi.*	1734
Gérente-Sénas (de).	1703	*P. du Roi.*	1703
Gévente La Bruyère.	1703	*P. du Roi.*	1718
Ginestoux (de).	1738	*P. du Roi.*	1752
Glandeves (de).	1773	*Enfant-Jésus.*	1782
Glandevez de Luges (de).	1663	*P. du Roi.*	1681
Grasse (de).	1723	*St-Cyr.*	1733
Grasse de Montauroux (de).	1672	*St-Cyr.*	1686
Grille.	1679	*P. du Roi.*	1694
Grille (de).	1737	*St-Cyr.*	1744
Grillet-Brissac (de).	1688	*P. du Roi.*	1704
Grimaldi (de).	1675	*P. du Roi.*	1690
Guers (de).	1740	*St-Cyr.*	1753
Guilhem de Puilaval (de).	1714	*P. du Roi.*	1728
Guiramand (de).	1712	*P. du Roi.*	1727
Hostager (d').	1790	*P. du Roi.*	1706
Hozier (d').	1735	*St-Cyr.*	1743
Isnards (des).	1759	*Ec. Milit.*	1769
Isnards (des).	1680	*P. du Roi.*	1695

NOMS.	DATE de la naiss^ce.	POSITION.
Jarente-d'Orgeval (de).	1740	*P. du Roi.* 1754
Jouffroi.	1697	*St-Cyr.* 1706
Julien-Saint-Marc (des).	1712	*St-Cyr.* 1723
La Tour.	1670	*P. du Roi.* 1685
Laugier de Beaucouse (de).	1715	*St-Cyr.* 1724
Laugier de Bellecour (de).	1770	*Ec. Milit.* 1781
Laurens (des).	1704	*P. du Roi.* 1719
Laurens de Bruée (du).	1673	*P. du Roi.* 1688
Laurens de Montserin. (des)	1739	*P. du Roi.* 1754
Laurens de Monturein (de).	1737	*St-Cyr.* 1746
Le Pelletir de La Garde.	1736	*St-Cyr.* 1767
L'Espine (de).	1778	*St-Cyr.* 1788
L'Espine du Puy (de).	1747	*P. du Roi.* 1763
L'Estang de Parade (de).	1738	*P. du Roi.* 1751
Lombard de Montauronx.	1685	*P. du Roi.* 1701
Lopis La Fare Sainte-Privast (de).	1722	*St-Cyr.* 1730
Lopis La Fare (de).	1707	*P. du Roi.* 1723
Malespine (de).	1716	*St-Cyr.* 1724
Mantin de Crochane (de).	1733	*P. du Roi.* 1746
Martin de Gare (de).	1743	*Ec. Milit.* 1754
Mathey (de).	1760	*Ec. Milit.* 1770
Mercurin de Valbonne (de).	1748	*P. du Roi.* 1760
Mercurin de Valbonne.	1750	*St-Cyr.* 1761
Merle de Beauchamp (de).	1722	*P. du Roi.* 1735
Mery de La Canorgue (de).	1767	*Ec. Milit.* 1777
Michels de Champorcin (des).	1755	*St-Cyr.* 1763
Michels de Champorcin (des).	1738	*St-Cyr.* 1748
Milan de Forbin.	1704	*P. du Roi.* 1719
Milan de Forbin.	1701	*P. du Roi.* 1718
Monger de Billy (de).	1774	*Ec. Milit.* 1783
Monier du Casselet (de).	1730	*St-Cyr.* 1742
Montaigu (de).	1695	*P. du Roi.* 1711
Montaigu d'Entraigues (de).	1741	*P. du Roi.* 1756
Montalieu (de).	1721	*P. du Roi.* 1734
Pélissier des Granges (de).	1754	*Ec. Milit.* 1765
Pelletier de La Garde.	1702	*P. du Roi.* 1718
Pené de Vaubonet.	1732	*St-Cyr.* 1742
Perrache d'Ampus.	1767	*Ec. Milit.* 1775
Pérussis (de).	1692	*P. du Roi.* 1692
Porcelets de Maillanne (de).	1750	*Ec. Milit.* 1761

NOMS.	DATE de la naiss^ce.	POSITION.	
Port de Mablanc (du).	1742	*St-Cyr.*	1754
Prevost de Lumian (de).	1765	*Ec. Milit.*	1774
Quiquerau de Beaujeu.	1669	*P. du Roi.*	1684
Quiquerau de Beaujeu (de).	1682	*St-Cyr.*	1702
Quiquerau de Beaujeu.	1699	*P. du Roi.*	1714
Rabier de La Beaume.	1741	*St-Cyr.*	1751
Raffelis (de).	1751	*P. du Roi.*	1751
Raimondis d'Alons.	1718	*St-Cyr.*	1726
Ralliane (de).	1666	*P. du Roi.*	1683
Raxi (de).	1770	*Enfant-Jésus.*	1782
Raxis de Flassan (de).	1768	*Ec. Milit.*	1768
Remereville.	1688	*St-Cyr.*	1696
Remond de Modène (de).	1715	*P. du Roi.*	1730
Rémond-Modène-Pomerols (de).	1695	*P. du Roi.*	1711
Rémond-Modène-Pomérols (de).	1709	*P. du Roi.*	1725
Renaud d'Alein (de).	1680	*P. du Roi.*	1695
Requiston d'Auteville.	1746	*Ec. Milit.*	1756
Richery d'Allons (de).	1755	*Ec. Milit.*	1769
Rignac (de).	1743	*St-Cyr.*	1751
Rignac (de).	1749	*Ec. Milit.*	1760
Ripert d'Alauzier (de).	1719	*P. du Roi.*	1735
Robert d'Escraynolle (de).	1775	*Ec. Milit.*	1785
Romieu de Fos (de).	1670	*P. du Roi.*	1687
Roux d'Arbaud (de).	1768	*Ec. Milit.*	1777
Roux de Navacelle.	1705	*P. du Roi.*	1705
Roux de Ponneval (de).	1776	*Ec. Milit.*	1786
Royer de Choisy (du).	1766	*Ec. Milit.*	1777
Sabran-Beaudinar du Biosc (de).	1713	*St-Cyr.*	1725
Sabran de Beaudinar (de).	1718	*St-Cyr.*	1729
Salvador (de).	1764	*St-Cyr.*	1775
Saqui de Toures (de).	1749	*Ec. Milit.*	1760
Sauguier de Rémoncourt.	1722	*St-Cyr.*	1733
Séguin (de).	1733	*P. du Roi.*	1750
Séitre-Caumon.	1676	*P. du Roi.*	1692
Seran (de).	1758	*St-Cyr.*	1766
Serre (de).	1668	*P. du Roi.*	1685
Simiane d'Esparon (de).	1710	*P. du Roi.*	1725
Sinetti (de).	1721	*St-Cyr.*	1732
Sobirats (de).	1765	*Ec. Milit.*	1777
Teste de Saint-Didier (de).	1773	*Ec. Milit.*	1783

NOMS.	DATE de la naiss^ce.	POSITION.	
Thomas de Gignac.	1736	*P. du Roi.*	1751
Thomas d'Orves (de).	1733	*St-Cyr.*	1741
Tonduti de Malijar (de).	1712	*P. du Roi.*	1727
Tonduty (de).	1733	*P. du Roi.*	1749
Tressemanes de Brunet (de).	1723	*St-Cyr.*	1734
Tressemanes de Chasseul (de).	1722	*St-Cyr.*	1730
Tutes de Villefranche (de).	1688	*P. du Roi.*	1704
Valavoire (de).	1703	*P. du Roi.*	1718
Venel (de).	1744	*St-Cyr.*	1753
Verrière (de).	1776	*Ec. Milit.*	1785
Vétéris du Reuest.	1666	*P. du Roi.*	1682
Villardy de Quinson (de).	1745	*Reçu Chevalier d'honneur en la Cour des comptes et Cour des aides de Montpellier.*	1768
Villeneuve (de).	1748	*St-Cyr.*	1760
Villeneuve (de).	1705	*P. du Roi.*	1723
Villeneuve de Fourettes.	1619	*P. du Roi.*	1697
Villeneuve d'Esclapon.	1763	*Ec. Milit.*	1772
Villeneuve de Vauclause.	1675	*P. du Roi.*	1688
Villeneuve-Frant de Puimichel (de).	1705	*St-Cyr.*	1716
Villeneuve-Tourettes (de).	1666	*P. du Roi.*	1684
Villeneuve-Vence.	1671	*P. du Roi.*	1687
Vincent de Causans.		*P. du Roi.*	1693

Melun. - Imprimerie de Fearues.

www.ingramcontent.com/pod-product-compliance
Lightning Source LLC
Chambersburg PA
CBHW052206270326
41931CB00011B/2247
* 9 7 8 2 0 1 2 5 2 7 3 4 8 *